DERNIERS
AVIS PROPHÉTIQUES

DONT 20 INÉDITS

CONTENANT

LA SOLUTION DE LA CRISE ACTUELLE

LE RÈGNE DE L'ANTÉCHRIST

ET

LA FIN DU MONDE

PAR

Victor Cte DE STENAY

Auteur de l'Avenir dévoilé

PARIS

VICTOR PALMÉ, LIBRAIRE-ÉDITEUR

AOUT — 1872

DERNIERS AVIS
PROPHÉTIQUES

DU MÊME AUTEUR :

L'Avenir dévoilé jusqu'à l'Antechrist, d'après les prophéties Carthusiennes inédites et XXI autres prophéties authentiques, toutes mises en concordance et interprétées pour la première fois ; 1 volume in-8°, avec titre rouge et noir. 1870. *Épuisé.*

L'Avenir dévoilé jusqu'à l'Antechrist, SUPPLÉMENT contenant la traduction littérale des chiffres et abréviations du 1ᵉʳ volume, avec des interprétations complémentaires, suivies de quarante nouvelles prophéties enrichies d'annotations ; 1 volume in-8°, avec titre rouge et noir, 1871. — Prix : 6 francs, chez Victor Palmé, éditeur à Paris.

NOTA. — Il ne reste plus que quelques exemplaires de cet ouvrage.

Les Grandeurs et Malheurs de la France annoncés par une prophétie rémoise du vᵉ siècle mise en lumière et suivie de XXXV prophéties (dont XI inédites) précisant la solution de la crise actuelle, le règne de l'Antechrist et la fin du monde ; 1 vol. in-18 raisin de 300 pages ; novembre 1871. *Épuisé.*

NOTA. — Cet opuscule se trouve notablement amélioré et augmenté dans les **Derniers Avis Prophétiques**, qui en forment une nouvelle édition.

Boulogne-sur-Seine. — Imp. E. Césaur.

DERNIERS AVIS
PROPHÉTIQUES

(dont 20 inédits)

PRÊCHANT

LA SOLUTION DE LA CRISE ACTUELLE

LE RÈGNE DE L'ANTECHRIST

ET

LA FIN DU MONDE

PAR

Victor Cte DE STENAY

Auteur de l'*Avenir dévoilé*.

———∿∿∿———

PARIS

VICTOR PALMÉ, LIBRAIRE-ÉDITEUR

25, rue de Grenelle-Saint-Germain, 25.

AOUT. — 1872

RIÉTÉ

Réserve des droits de reproduction et de traduction.

L'Auteur.

(DÉPOSÉ.)

AVIS. — Les documents prophétiques et observations critiques seront reçus avec reconnaissance.
Adresser les lettres à M. Collin la Herte, 2, rue du Saint-Cœur, à Vendôme (Loir-et-Cher).

A

LA MÉMOIRE

DU

ROI-MARTYR

Alors qu'un bour. sera fort bon,
Portant en soy les marques de justice,
De son sang lors portant long nom,
Par fuite injuste recevra son supplice.
(NOSTREDAME, édit. de Leyde, 1630.Cent. VII, quat. 11.)

Glose. Lorsqu'il y aura sur le trône de France un *Bourbon fort bon* (*Louis XVI*), portant, par sa naissance (*en soy*), la main de justice (*marque* de la royauté) et un nom plus long en nombre (*long nom*) qu'aucun autre roi de sa race (*de son sang*), comme était le seizième du nom de Louis (car, avant lui, aucun autre nom n'avait porté ce chiffre), ce souverain, à cause de sa fuite vers la Belgique, subira injustement (*injuste*, du latin *injuste*) le supplice de la guillotine, le 21 janvier 1793.

Sa Sainteté Pie VI, dans son allocution sur cet assassinat juridique, s'écriait : « O jour de triomphe pour Louis XVI, à qui Dieu « a donné et la patience dans les tribulations et la victoire « au milieu de son supplice ! Nous avons la ferme confiance « qu'il a heureusement changé une couronne royale, toujours « fragile, et des lis qui se seraient flétris bientôt, contre cet « autre diadème impérissable que les anges ont tissé de lis im- « mortels. »

Quelques jours après que Sa Majesté christianissime eut rendu son âme à Dieu, Notre-Seigneur Jésus-Christ apparaissait à la sœur de la Nativité et lui disait : « Réjouis-toi, ma fille ! je t'ai « affligée par la mort de ton Roi, mais je viens te consoler par « cette bonne nouvelle : il est glorieux, triomphant, et Roi dans « mon royaume ; il est couronné. Je lui ai donné un sceptre et « une Cour qui sera éternelle ; son sceptre et sa couronne ne « lui seront jamais ôtés. » (*Vie et Révél.* t. IV, p. 393.)

Pœnas cucurrit fortiter,
Et sustulit viriliter ;
Fundensque pro te sanguinem,
Æterna dona possidet. (*Liturg. Rom.*)

« La France ne périra pas, Dieu a de
grands desseins sur elle. »
(Paroles de Pie IX.)

I

D'après une très-ancienne tradition des plus authentiques, Remi, évêque de Reims, était resté en prières devant l'autel de la sainte Vierge une partie de la nuit de Noël, ou du Samedi saint, de l'an 496, c'est-à-dire la nuit même qui précédait l'heureux jour où il baptisa et sacra Khlovigh (*Clovis*), le fondateur de la Monarchie française, et son premier Roi très-chrétien.

Or, après ses ardentes oraisons, le saint Pontife vint trouver le nouveau Constantin qui préparait son âme à recevoir la grâce de la régénération spirituelle et l'onction royale. Soudain il le conduisit, avec la reine Khlothilde (*Clotilde*) et un grand nombre de Seigneurs, officiers et Dames de la Cour, dans la Chapelle du palais dédiée à saint Pierre, prince des Apôtres.

Là, devant cette auguste assemblée, Remi prononça un sublime discours sur l'unité de Dieu, la

Documents manquants (pages, cahiers...)
NF Z 43-120-13

vanité des idoles, l'Incarnation du Verbe éternel, la Rédemption du genre humain, le Jugement dernier, le Paradis des Justes et l'Enfer des impies.

Ce discours était à peine terminé que la chapelle fut inondée d'une miraculeuse clarté et embaumée d'un suave parfum. Alors une voix céleste proféra ces mots : « La paix soit avec vous ! ne craignez rien, demeurez en mon amour. » En même temps la physionomie du saint Pontife resplendit d'une beauté séraphique... Ces prodiges, si inattendus, impressionnèrent tellement le roi et les personnages de sa suite, que tous se prosternèrent aux pieds du grand Apôtre des Franks, en témoignage de vénération. Aussitôt saint Remi relève Khlovigh, et, sous le souffle de l'inspiration divine, il lui adresse les paroles suivantes qui ont traversé quatorze siècles (1) :

« Mon fils, sachez que le royaume des Franks est,
« de par Dieu, prédestiné à défendre la sainte Église
« Romaine, seule véritable Église du Christ. Ce
« royaume deviendra un jour le plus grand d'entre
« tous les royaumes terrestres. Il embrassera toutes
« les limites de l'Empire romain, et soumettra les
« autres royaumes à sa puissance ; il durera jusques
« à la fin des temps. Il sera victorieux et prospère
« tant qu'il restera fidèle à la Foi Romaine et qu'il

(1) Saint Grégoire de Tours, saint Bède, Hincmar de Reims, Flodoard d'Épernay, Vincent de Beauvais, Charlier de Gerson, Baronius et vingt autres en sont les échos.

« ne se plongera pas dans un de ces crimes qui rui-
« nent les nations; mais, chaque fois qu'il sera infi-
« dèle à sa vocation, il sera rudement châtié. »

II

Cette fameuse Prophétie s'étend à tous les âges depuis Khlovigh jusqu'à la fin du monde. Notre Histoire nationale prouve sa réalisation, tantôt magnifique, tantôt terrible. Les épreuves actuelles la confirment douloureusement dans sa partie comminatoire. Et nous attendons les événements qui donneront aux passages consolants une splendide et merveilleuse explication, comme on le remarquera dans les textes corroboratifs et explicatifs que nous citons plus loin.

« Il n'y a qu'à ouvrir l'histoire, dit le génial comte de Maistre, pour voir que le châtiment envoyé à la France, quand elle est coupable contre Dieu ou l'Église, sort de toutes les règles ordinaires, et que la protection accordée à la France en sort aussi : ces deux prodiges réunis se multiplient l'un par l'autre et présentent un des spectacles les plus étonnants que l'œil humain ait jamais contemplés. »

A l'époque de la conversion de Khlovigh, tous les rois de l'Europe étaient ariens ; aussi le pape Anastase Il s'empressa-t-il d'adresser des lettres de félicitation au Roi très-chrétien, en l'exhortant d'être désormais pour la sainte Église, « une colonne de fer. » Le héros frank prit alors le titre de *Fils aîné de l'Église*, titre dont tous les souverains français sont héritiers.

Dieu a donc voulu unir la France à Rome par des liens très-étroits, semblables à ceux qui unissent une fille à sa mère. Khlovigh fut le premier de nos monarques qui ratifia solennellement cette union en envoyant son diadème à Pierre, vivant dans son successeur Hormisdas, car c'était un signe manifeste de son obéissance, de son profond dévouement envers l'Église et son auguste Chef, Vicaire du Christ.

Peppin, Charlemagne, saint Louis, etc., comprirent, comme Khlovigh, que la mission providentielle de la France est de défendre l'Église, de propager le règne de Jésus-Christ dans tout le monde : ainsi la France mérita de porter le titre glorieux de Fille aînée de l'Église, et c'est à bon droit que son histoire s'intitule : *Gesta Dei per Francos*. La France est donc devenue une nouvelle tribu de Juda dans le nouveau peuple de Dieu, qui est l'Église Catholique, Apostolique, Romaine. C'est ce que Notre-Seigneur s'est plu à confirmer par les paroles suivantes qu'il adressait, en 1842, à Marie Lataste : « J'ai choisi la France pour la donner à mon Église comme sa fille de prédilection. A peine avait-elle plié la tête sous mon joug (*par la conversion de Khlovigh*), qu'elle devint l'espoir de mes Pontifes, et bientôt après leur défense et leur soutien... Je lui donne prospérité, grandeur et puissance, au-dessus de toutes les autres nations, quand elle est fidèle à écouter ma voix. »

III

Dans une épître à saint Louis, l'illustre Pontife, Grégoire IX, se plaît à exposer cette prédestination de la France, quand il dit :

« Le Fils de Dieu, dont le monde entier exécute les lois, et aux désirs duquel les armées célestes s'empressent d'obéir, a établi sur la terre divers royaumes et divers gouvernements pour l'accomplissement des célestes conseils. Mais, comme autrefois, entre les tribus d'Israël, la tribu de Juda reçut des privilèges tout particuliers, ainsi le royaume de France a été distingué entre tous les peuples de la terre par une prérogative d'honneur et de grâce.

« De même que cette tribu, qui préfigurait le dit royaume de France, quand elle combattait pour le Seigneur, terrifiait toujours les bataillons ennemis et les foulait aux pieds, de même le royaume de France a toujours combattu les combats du Seigneur pour accroître la foi catholique, défendre la cause de Dieu en Orient et en Occident, et dompter les ennemis de l'Église.

« De même que la tribu de Juda n'imita jamais les autres dans leur apostasie, de même le royaume de France ne put jamais être ébranlé dans son dévouement à Dieu et à l'Église; jamais il n'a laissé périr dans son sein la liberté ecclésiastique; jamais il n'a souffert que la foi chrétienne perdît son énergie propre; bien plus, pour la conservation de ces biens, rois et peuples n'ont pas hésité à s'exposer à toutes sortes de dangers et à verser leur sang.

Il est donc manifeste que ce royaume béni de Dieu a été choisi par notre Rédempteur pour être l'exécuteur spécial de ses divines volontés. Jésus-Christ l'a pris en sa possession comme un carquois d'où il tire fréquemment des flèches choisies, qu'il lance avec la force irrésistible de son bras, pour la protection de la liberté et la foi de l'Église, le châtiment des impies et la défense de la justice; aussi tous nos saints prédécesseurs, dans leur détresse, n'ont pas manqué de réclamer le secours que les rois de France ne leur ont jamais refusé. »

C'est donc avec juste raison que nos rois légitimes portent le double titre de *Rois très-chrétiens* et de *Fils aînés de l'Église*. Et ils le méritent d'autant mieux que leur sacre leur confère un caractère particulier, une espèce de sacerdoce, qui les constitue comme seuls vrais rois sur la terre, à ce point que l'empereur d'Allemagne, en annonçant à sa cour l'assassinat de Louis XVI, dit seulement ces mots : « Messieurs, LE ROI est mort. »

Saint Grégoire le Grand, dans sa lettre à Khildebert (*Epist.* VI.), déclare que le royaume des Franks est autant au-dessus des autres royaumes que la dignité Royale est au-dessus des simples particuliers. Le jurisconsulte italien Bonifacio assure, après Suidas, que, quand l'on dit : LE ROI, on entend nommer celui des Français, qui est le Roi par excellence. Un autre célèbre jurisconsulte italien, Balde de Ubaldis, ne craint pas d'avancer que le monarque de la France porte une couronne de gloire au-dessus de celle de tous les Rois ; et l'anglais Mathieu Paris tient à affirmer que le Souverain des Français est véritablement le Roi des rois de la terre. Aussi le célèbre Grotius écrivait-il au roi Louis XIII : « Sire, vous régnez sur le plus beau royaume après celui du Ciel. »

IV

De son côté, le savant cardinal Baronius ajoute une explication à la prophétie de saint Remi, lorsqu'il écrit, à l'année 511 de ses *Annales ecclesiastici* : « Les rois de France sont distingués des rois des autres nations par le privilège accordé aux prières de l'apôtre des Franks. Chose digne de la plus grande admiration, ce royaume ne sera pas transféré aux autres nations comme cela arrive aux autres peuples par suite des péchés des rois. Non, le peuple français ne sera pas obligé de servir l'étranger ; mais, d'après la promesse divine octroyée aux supplications de saint Remi, il lui arrivera ce que David annonce au psaume LXXXVIII. » Écoutez :

« Seigneur, vous avez parlé à vos saints prophètes dans une vision ; vous avez dit : « J'ai mis ma protection sur un homme fort, et j'ai élevé mon élu sur mon peuple. J'ai trouvé mon serviteur David, et je l'ai consacré avec l'huile sainte, avec l'onction de ma sainteté. Aussi ma main sera avec lui, et mon bras le fortifiera. L'ennemi n'aura sur lui aucun avantage, et l'enfant d'iniquité ne pourra lui nuire. Je renverserai devant lui ses adversaires, et je mettrai en fuite ceux qui le haïssent. Ma miséricorde et ma vérité l'accompagneront, et sa puissance sera glorifiée en mon nom. J'étendrai ma main sur la mer et sur les fleuves. Il m'invoquera et me dira : vous êtes mon Père, vous êtes mon Dieu, vous êtes mon salut. Je l'établirai mon premier-né au-dessus de tous les rois de la terre. Je lui conserverai à jamais ma miséricorde, et je serai fidèle à l'alliance que j'ai faite avec lui. Je perpétuerai sa race dans les siècles des siècles, et son trône sera durable comme les jours du ciel.

« Si ses enfants abandonnent ma loi, s'ils ne suivent pas la route de ma justice, s'ils profanent mes ordonnances et transgressent mes commandements, je visiterai leurs iniquités, la verge à la main, et je frapperai leurs péchés de mes fléaux.

« Mais jamais je ne retirerai de lui ma miséricorde ; je n'infirmerai point la vérité de mes oracles ; je ne violerai point mon alliance, et ne rendrai point vaines les paroles sorties de ma bouche. Je l'ai juré une fois dans mon sanctuaire, et je ne mentirai pas à David : sa race subsistera éternellement : son trône sera devant moi comme le soleil, comme la lune dans son plein, comme l'arc-en-ciel que j'ai placé dans les airs pour être le gage de mon alliance. »

Voilà les immuables promesses que Dieu a transportées à Khlovigh et aux Franks vaincus par la puissance du Saint-Esprit.

V

Sur ce sujet, il faut écouter aussi l'illustre et éloquent évêque de Poitiers, Mgr Pie, qui, le 13 août 1871, à l'occasion de la fête de sainte Rhadegonde, prononça une remarquable homélie dont nous détachons les passages suivants, qui illuminent les paroles de saint Remi :

« S'il est vrai que la principale force et la sécurité

d'un peuple reposent dans ses alliances, heureux le peuple dont Dieu lui-même s'est constitué l'allié ! A quelques vicissitudes qu'il soit soumis à cause de ses péchés, ce peuple ne périra point qu'il n'ait achevé sa mission sur la terre.

« Tel est le noble peuple de France. Le Seigneur l'a adopté dès sa naissance. Par la bouche prophétique, par la parole augurale de son Pontife Remi, il a signé un pacte avec lui dans le baptistère de Reims; et ce pacte tiendra, ce pacte durera. Assurément, les infidélités dont le peuple français se rendra coupable ne seront pas impunies; au contraire, elles seront châtiées durement, mais elles ne changeront pas les conseils de Dieu, toujours fidèle à son serment. Car voici ce que dit le Seigneur : « Si l'on peut rompre mon pacte avec le jour et mon pacte avec la nuit, et empêcher que le jour et la nuit ne viennent chacun en son temps, alors on pourra rompre aussi mon pacte avec David, mon serviteur. » *Si irritum potest fieri*, etc. (JEREM., XXXIII, 20-21.)

« Le David envers qui le Roi des nations chrétiennes s'est engagé, il s'est appelé Khlovigh, il s'est appelé Charlemagne, il s'est appelé saint Louis. Les saintes femmes qui ont mêlé leur action à celle des grands monarques, on les a nommées Khlothilde, Rhadegonde, Bathilde; et de combien d'autres noms on les a appelées dans la suite des âges ! Et parce que la cause de Dieu a été généreusement servie, largement défendue par ces illustres chefs de race, par ces membres éminents de nos familles régnantes, à tout jamais il suffira d'en appeler à leur mémoire pour nous rendre Dieu propice et favorable. Le Seigneur, aussitôt, se souviendra de son alliance, et il pardonnera aux générations les plus reculées en faveur de ces pères, de ces mères de la patrie, qui ont travaillé pour sa gloire, qui ont préparé et étendu son règne ici-bas.

« Ce n'est donc pas sans fondement qu'aujourd'hui, sur ce sépulcre glorifié et toujours vivant, sur cette tombe mérovingienne qui nous reporte à nos premières origines nationales, nous demandons à la sainte reine Rhadegonde de crier avec nous vers le Seigneur pour le conjurer de se souvenir de son alliance : *Deus meminerit testamenti sui*, et de ne pas nous abandonner dans le temps mauvais : *Nec deserat in tempore malo*.

« Car, il est bien vrai, le temps présent est mauvais ; à divers égards, c'est le plus mauvais qu'ait traversé la France depuis quatorze siècles. Considérez et voyez qu'il ne reste rien debout. Cette Rome qui est la clef de voûte du monde européen, parce qu'elle est la capitale du Christ ; cette Rome des Pontifes qui saluaient dans Khlovigh l'apparition d'un nouveau et perpétuel soutien pour le Siége apostolique, cette Rome a été asservie sous un sceptre odieux et ignoble. Et parce que la France, sans qu'elle s'en doutât peut-être, n'était plus gardée, n'était plus protégée depuis longtemps que par son rôle de protectrice de Rome, de gardienne du tombeau des saints Apôtres et du trône de leur successeur, nous avons vu la fille tomber aux abîmes à l'heure où y descendait sa mère (1).

« Depuis lors, celle qui se glorifiait à juste titre d'être la première nation du monde a marché de désastres en désastres; elle a été renversée de son rang et de sa prééminence. Car voici, Seigneur, que nous sommes amoindris, diminués plus que toutes les autres nations : *quia, Domine, imminuti sumus plus quam omnes gentes.* A mesure qu'elles ont grandi, nous avons été abaissés, et nous sommes aujourd'hui petits et humiliés aux yeux de toute la terre, à cause de nos péchés : *Sumusque humiles in universa terra hodie propter peccata nostra.*

« Nous qui dictions nos volontés dans tous les conseils de l'Europe; nous qui parlions haut et

---

(1) Au moment où Napoléon III retirait les troupes françaises occupant le territoire pontifical, lors de la guerre franco-prussienne, il avait l'audace d'écrire à l'empereur d'Autriche que cet acte était sa meilleure réponse à la promulgation dogmatique de l'Infaillibilité du Pape. Or, ce retrait a commencé à s'effectuer dans les premiers jours d'août 1870, et en même temps notre armée était battue à Wissembourg, à Reichsoffen et à Forbach, en attendant les désastres et les hontes de Sedan et de Metz. O justice de Dieu !

ferme dans le monde entier, nous n'avons plus présentement le droit d'élever la voix; même pour la défense des intérêts religieux les plus essentiels, nous déclarons sans détour que nous ne pouvons ouvrir la bouche : *Et nunc non possumus aperire os;* et ainsi nous sommes devenus un sujet de confusion et de mécompte pour tous les catholiques de la terre, qui n'espéraient et n'attendaient, qui n'espèrent et n'attendent encore le secours divin que par votre entremise : *Et nunc non possumus aperire os; confusio et opprobrium facti sumus servis tuis et his qui colunt te.* Les principes manquant, la disette d'hommes est devenue si grande dans le camp de l'ordre, qu'on ne voit surgir en ce temps ni chef politique, ni chef militaire, ni prince, ni prophète qui nous fasse trouver le salut : *Et non est in tempore hoc princeps, et dux, et propheta... ut possimus invenire misericordiam.*

« Oui, le temps est mauvais; et pour ceux-là qui n'ont pas la foi dans leur âme, qui n'ont pas l'espérance surnaturelle dans leur cœur, il n'y a désormais de fondé, il n'y a de logique que le désespoir. Aussi, que de désespérés autour de nous! Certes, si je ne croyais pas aux destinées surhumaines de l'Église, et si la France ne m'apparaissait, par tout l'ensemble de son histoire, par le spectacle de l'état présent du monde, par les pressentiments des bons et les Oracles des Saints, si la France ne m'apparaissait comme l'instrument réservé de la régénération religieuse de la terre, moi aussi, je dirais adieu à l'espérance, et je croirais mon pays désormais voué aux furies infernales.

« . . . .

« Si vous revenez à Dieu, bientôt vous vous relèverez de toutes vos chutes, et vous redeviendrez la France des anciens jours, la France dictant des lois à la terre parce qu'elle obéira à la loi du Ciel. »

VI

Ex omnibus floribus orbis, elegisti tibi lilium unum. (IV, Esdras v, 21.)
Parmi toutes les fleurs du monde, le Seigneur a choisi un lis.

Le lis est le roi des fleurs comme la rose en est la reine. « Le lis, ajoute M. Laurentie, est la fleur symbolique par excellence; on la trouve comme emblème chez tous les peuples de la terre dans la plus haute antiquité; elle est célébrée dans les saints Livres; elle est la fleur des poëtes; elle est l'emblème de ce qui est pur; on dirait la fleur sainte de la nature. Et, en ceci, rien n'est imaginaire. L'histoire a ses monuments, l'archéologie a ses ruines; les médailles, les monnaies sont vivantes, partout s'inscrit cette fleur charmante avec une variété merveilleuse dans un type qui ne change pas ; non pas la fleur pittoresque et royale des champs avec sa pompeuse corolle étalée, mais la fleur symbolique des écussons, des sceaux et des sceptres, renfermée en lignes qui semblent être un jeu de fantaisie jusque dans la monotonie d'une forme toujours égale et toujours pure ; on dirait un modèle de fleur tombé du Ciel, »

Or, le lis est l'emblème du blason des rois de France, depuis Khlovigh ; de nos rois légitimes, depuis quatorze siècles. L'origine de cet emblème est vraiment céleste, comme le dit la tradition recueillie dans nos vieilles chroniques.

Les premiers chefs franks portèrent d'abord dans leurs armes *trois crapauds*, ou *trois couronnes sanglantes*, appelés aussi *croissants*. Sainte Brigitte, reine d'Écosse, partage ce sentiment, puisque, selon le rapport de Pirus, elle « nous apprend que le royaume de France de payen *encrapaudé* fait chrétien *fleurdelysé*, est le jardin du plaisir de Dieu, le champ bien-aimé du Ciel plein de saphirs, parsemé de fleurs de lys d'or réduites à trois. » (*Apud* maistre MICHEL PIRUS, *Prophéties et Révélations des Saints Pères*, in-12, Paris, 1673.)

Avant sa conversion, et même encore un an ou deux après, Khlovigh portait dans son écusson *trois croissants rouges sur champ de gueules*; mais, par l'intermédiaire d'un ange, comme nous le disons plus bas, il adopta *trois fleurs de Lis d'or sur champ d'azur.*

Cependant, les rois de la seconde dynastie prirent *d'azur semé de fleurs de Lis sans nombre,* en échange de *trois Aigles d'or sur champ de gueules,* que la famille de Peppin portait primitivement dans ses armoiries. Karle le Martel, père de Peppin le Bref, avait déjà chargé son écusson de six fleurs de Lis avec le chef d'azur, comme prince et duc des Franks. Hugues Capet porta aussi semé, sans nombre, de fleurs de lis d'or qui alors devinrent *de France;* ce que ses successeurs continuèrent jusqu'à Charles VI, qui réduisit le nombre des Fleurs à trois pour reprendre l'usage des premiers rois. Depuis cette époque il n'y eut plus de changement dans l'emblème des armes de nos rois légitimes : celles-ci restèrent d'azur à trois fleurs de Lis d'or.

Les armes de la cité de saint Rémi, où l'on sacre nos rois, sont en quelque sorte inséparables de celles de l'antique Maison de France, c'est pourquoi nous devons les joindre ici. Elles sont : *Coupé le chef d'azur semé de fleurs de lis d'or, la pointe d'argent à deux branches d'olivier courbées et passées en sautoir de sinople,* et pour devise : Dieu e soit garde.

Ces emblèmes héraldiques sont un langage qui s'harmonise avec le symbolisme des monnaies franques. Dès Khlovigh, la croix apparaît sur celles-ci, entre l'*Alpha* et l'*Oméga* ; sur les pièces de Charlemagne, saint Pierre est représenté portant le diadème sur la tête et le sceptre crucifère en main. L'empereur se trouve au revers du jeton. Cela indique que ces princes tenaient de Rome la délégation de la puissance romaine ajoutée à leur puissance propre et temporelle. On y voit encore l'alliance intime que la Providence a voulu établir entre le Saint-Siége apostolique et le royaume très-chrétien. Depuis Louis VI jusqu'à Louis XVI, les pièces métalliques portent la glorieuse devise : CHRISTUS VINCIT, CHRISTUS REGNAT, CHRISTUS IMPERAT, — le Christ triomphe, le Christ règne, le Christ commande, — la même que l'on remarque sur l'obélisque qui fut érigé par Sixte-Quint, sur la place Saint-Pierre, à Rome. Quelle magnifique alliance : le Ciel, Rome et la France !

VII

Les lis d'or de France ont une légende spéciale que Nicolas Gilles a consignée dans *Les très-élégantes Annales des belliqueuses Gaules*, publiées à Paris en 1547. La voici :

« On lit en aucunes escritures qu'au temps de Clovis vivait ung hermite preud'homme et de saincte vie qui habitoit en ung boys près d'une fontaine au lieu qui de présent est appelé Joye en Val, en la chastellenie de Poissy, près Paris; auquel hermite la dicte Clotilde, femme du roy Clovis, avoit grande fiance, et pour sa saincteté le visitoit souvent et lui administroit ses aumosnes. Et advint ung jour que le dict hermite estant en oraison ung ange s'apparust à luy en luy disant qu'il feist razer les armes des trois croissans que le dict Clovis portoit en son escu, et au lieu d'iceulx portast ung escu dont le champ feust d'azur semé de fleurs de lys d'or. Et lui dist que Dieu avoit ordonné que les Roys de France portassent d'oresnavant telles armes. Le dict hermite feist effacer les dicts trois croissans et y feist mettre les dictes fleurs de lys et les envoya au dict Clovis, son mary, qui pour lors estoit en guerre contre le roy Andoc (*ou Candat*), qui estoit venu d'Allemaigne et avoit son siège devant la place de Conflans. Clovis le combattit et eut victoire. Elle feut achevée en la montaigne en laquelle est à présent la tour en Monjoye; et là feut prins premièrement et nommé le cry des François es armes : c'est à scavoir Monjoye, et depuis il a esté adjousté : sainct Denys. Et en la révérence de la mission des dictes fleurs de lys feust illec en la vallée fondé ung monastère religieux qui feut et encores est appelé l'Abbaye de Joye en Val, pour la permission de la saincte Ampoulle et des dictes fleurs de lys qui feurent envoyées à ce grant roy Clovis, premier roy chrestien. En quoy appert évidemment, que Dieu, nostre Père et Sauveur, a singulièrement aymé les roys de France, et les a voulu décorer et garnir de singulières grâces et prééminences par-dessus touts les aultres roys et princes terriens et d'iceulx faire les deffenseurs de la saincte foy et loy de Jésu Christ. »

Ce naïf récit démontre délicieusement que le lis du blason de nos légitimes souverains est bien par excellence, la triple fleur céleste, royale et française. Son symbolisme n'est pas moins merveilleux que son origine. Laissons parler l'annaliste :

« On peut veoir qu'en une fleur de lys il y a trois fleurons : un grant hault au meillieu et deux moyens d'une pareille haulteur aux deux costés. Le hault fleuron au meillieu signifie la saincte foy et loy de Jésuchrist, et les deux de moyenne haulteur, qui sont lung à dextre et l'aultre sénestre, signifient sapience et noblesse, lesquels sont ordonnés pour soustenir, garder et deffendre le hault fleuron qui signifie la foy. »

Les anciens chroniqueurs, Jean Tristan, Raoul de Presles et Vulson de la Colombière, rapportent aussi la légende des fleurs de Lis de France, mais avec quelques variantes.

VIII

A la Prophétie de saint Remi, la foi de nos pères a joint plusieurs proverbes que les événements actuels rendent saisissants :

Pax erit et toto florebit Gallia mundo,
Dum adhærebunt Lilia Pontifici.
Pax erit et puro fulgebit Gallia flore,
Dum claves cingent Lilia Pontificis.

Traduction : La paix règnera, et la France sera florissante dans tout le monde, tant que les Lis resteront attachés au Pontife Romain.

La paix règnera, et la France brillera d'un éclat pur, tant que les Lis entoureront les clefs du Pontife Romain.

Mariage est de bon devis
De l'Église et des fleurs de Lys :
Quand l'un de l'autre partira,
Chacun d'eux si s'en sentira !

Francisons : Le mariage de l'Église avec les Lis de la France est dans les convenances de Dieu, et jamais divorce n'arrivera entre l'une et l'autre sans que toutes deux en pâtissent.

Romæ sedebunt Pontifices, quamdiu regnabunt in Gallia Reges.

A Rome les Papes siégeront,
Tant qu'en France les Rois régneront.

Aujourd'hui nous devons nous écrier en toute assurance : Pas de paix pour la France tant qu'elle n'aura pas repris le drapeau blanc fleurdelisé, et que l'Église, elle aussi, n'aura pas retrouvé la paix !

Rappelons ici les nobles paroles du seul homme qu'il nous faut, du Sauveur que nous attendons :

« La liberté de l'Église est la première condition de la paix des esprits et de l'ordre dans le monde. Protéger le Saint-Siége fut toujours l'honneur de notre patrie, et la cause la plus incontestable de sa grandeur parmi les nations. Ce n'est qu'aux époques de ses plus grands malheurs que la France a abandonné ce glorieux patronage.

« ..... Nous savons que la Papauté ne périra pas, et que Dieu mène le monde. Plaise au Ciel que la France n'oublie jamais qu'elle est la fille aînée de l'Église, et qu'elle doit à sa fidélité au Pape la meilleure partie de son prestige et de sa force! »

Hélas! les grands malheurs de la France viennent du mépris de cette divine prérogative! Répétons donc bien haut à nos gouvernants d'aujourd'hui, cette parole si vraie du Pape Innocent III : « La grandeur de la France est inséparable de l'exaltation du Saint-Siège. »

IX

D'après plusieurs chroniqueurs, historiens et savants généalogistes, les trois dynasties des rois de France : Mérovingienne, Carlovingienne et Capétienne, sont unies par les liens du sang et ne font réellement qu'une seule et même race, quoi qu'en dise la légèreté ou plutôt la fausseté calculée et haineuse de l'historien Henri Martin (1).

Prouvons notre assertion.

La Maison royale de Bourbon, comme tout le monde sait, descend par hérédité de Hugues Capet. Elle est issue d'Aimar ou Adhémer, sire de Bourbon, qui vivait vers 913 et dont les *Chroniques* de Frédégher font remonter l'origine jusqu'à Khildebrand, frère puîné de Karle le Martel et tige de la troisième dynastie des rois de France, c'est-à-dire de la race Capétienne, dont Hugues Capet fut le premier roi, en 987.

La race des Capétiens et celle des Carlovingiens (ou mieux Carolingiens, du latin *Carolingi*, c'est-à-dire les enfants de Karle, dit Karle le Martel) ont la même origine; elles remontent, l'une et l'autre, à Peppin le Gros surnommé Peppin de Héristall, du nom de sa célèbre villa située sur les bords de la Meuse, près de Liége. Ce surnom lui fut donné par les historiens modernes, afin de ne pas le confondre avec son aïeul saint Peppin de Landen, dit le Vieux ou l'Ancien, Maire du Palais d'Austrasie. Car Peppin de Héristall eut 1° pour premier fils, Karle le Martel, père de Peppin le Bref, qui est la tige des rois de la seconde race éteinte dans Louis V, mort en 987;

(1) On peut consulter notamment l'*Histoire Généalogique et Chronologique de la Maison de France*, par les Pères Anselme, Ange et Simplicien, 9 vol. in-folio publiés de 1726 à 1733.

2° et pour second fils Khildebraud, tige de la troisième race et père de Nebelong, qui eut Thiébert ou Théodoret, père de Robert, qui eut Robert le Fort, père des rois Eudes et Robert Ier. Or, c'est ce dernier Robert qui est le père de Hugues le Grand, père de Hugues Capet.

Quant à la race des Mérovingiens, elle se rattache à celle des Carolingiens par les ancêtres de Peppin de Héristall. Voici comment : Peppin de Héristall est fils d'Auséghis, l'un des principaux officiers de Sighebert, qui épousa Begga, fille de saint Peppin de Landen. Anséghis est fils de saint Arnoul ou Arnulf, duc d'Austrasie et évêque de Metz, mort vers l'an 640, et qui avait été marié avant d'entrer dans les ordres sacrés. Saint Arnulf est fils aîné d'Arnulf et de Oda. Ce dernier est fils d'Ansbert, sénateur et duc d'Austrasie; il épousa Blithilde, fille du malheureux Khlother Ier, fils de Khlovigh et septième roi de France, mort en 562. Ansbert est fils aîné de Ferréol III, marié, croit-on, à une fille du roi Khlovigh Ier. Ferréol III est fils aîné de Touange-Ferréol II, sénateur et préfet du prétoire des Gaules, qui épousa la fille de l'empereur Flavius Eparchius Avitus. Touange-Ferréol II est fils aîné de Ferréol Ier. Celui-ci était préfet du prétoire des Gaules au commencement du ve siècle, il épousa Papianille, fille du consul romain Afranius. Arrêtons-nous là.

X

S'il nous plaisait de poursuivre ces investigations fastidieuses, nous pourrions peut-être découvrir que la Famille des Bourbons descend de Constantin le Grand, comme l'affirme saint François de Paule dans ses Lettres prophétiques insérées dans le premier volume de l'*Avenir dévoilé*, et d'abord publiées par nous-même dans un journal religieux.

Mais, tout dénudé qu'il est, ce tableau généalogique est suffisant pour imprimer dans les cœurs honnêtes et réellement français, le véritable sentiment de la fierté nationale, et rappeler les droits au trône de France de la plus ancienne et la plus illustre Famille de l'Europe, de la Famille qui a fait l'unité de la Nation, de la Famille choisie dans les éternels conseils de Dieu, pour être la race sacrée du peuple Français et du peuple chrétien.

Si toutefois Dieu a permis le renversement de cette royauté légitime, c'est afin de châtier la nation, quand elle le méritait, et de lui rappeler, par la voie des épreuves, son antique et sublime vocation. Les peuples ont toujours le gouvernement qu'ils méritent.

A l'heure présente, si chargée de nuages menaçants, il n'y a que les esprits sages et éclairés qui, avec le vaillant rédacteur de la *Terre-Sainte*, osent répéter sans ambages, que la monarchie chrétienne et traditionnelle peut seule sauver notre France, et, par la France, l'Europe, de l'anarchie révolutionnaire, des rois bâtards et de la démagogie internationale.

Persuadons-nous donc bien que « c'est à la Famille qui a présidé à notre développement historique, à reprendre la direction perpétuelle de notre politique. Cette politique, à cause de la perpétuité de la Nation, doit être perpétuelle, et pour cela guidée par une Famille perpétuelle ou héréditaire. »

Or, le digne représentant actuel de cette royale Famille est Henri-Charles-Ferdinand-Marie-Dieudonné de Bourbon, duc de Bordeaux né à Paris le 29 septembre 1820, jour de la fête de saint Michel, l'archange protecteur du royaume de France. Dans l'exil, Monseigneur prit le titre de comte de Chambord, en souvenir du magnifique château situé dans la commune de ce nom aux environs de Blois, et acheté par une souscription nationale pour être offert à l'*enfant du miracle*, le nouveau Charlemagne que nous attendons.

« Salut, enfant de miracle ! s'écriait avec un accent prophétique Mgr Frayssinous, oui, vous vivrez, vous croîtrez dans les vertus de vos pères, vous régnerez sur nos neveux. Le Dieu qui vous a fait naître pour notre consolation, saura bien vous conserver pour leur bonheur. Que si mes pressentiments ne me trompent pas, si mes vœux sont accomplis, vous arriverez assez tard au trône pour que vous puissiez être mûri par l'expérience et par les grands exemples que le Ciel aura mis sous vos yeux (1). »

Oui, Henri le chevaleresque montera sur le trône de ses pères ! Et c'est LUI qui relèvera la France des hontes et des abaissements napoléoniens et révolutionnaires. LUI SEUL ramènera les principes de foi et d'honneur, d'ordre et de liberté ; LUI SEUL nous rendra la paix et la prospérité ; LUI SEUL fera recouvrer à notre bien-aimé pays sa puissance, sa gloire, son UNITÉ et son influence prépondérante sur l'Europe et le monde entier. Hâtons donc, de toutes nos forces, le retour de l'étendard d'Henri IV, de François Ier et de Jeanne d'Arc, ce drapeau toujours ancien et toujours nouveau de la vraie France, ce drapeau glorieux et sans tache, dont la couleur signifie légitimité divine et humaine. Avec de Maistre, nous laissons échapper ce cri de notre âme : « Français ! faites place au Roi très-chrétien, portez-le vous-mêmes sur son trône antique, relevez son oriflamme, et que son or, voyageant d'un pôle à l'autre, porte de toutes parts la devise triomphale : LE CHRIST EST VAINQUEUR, IL RÈGNE. »

(1) *Oraison funèbre de Louis XVIII*, prononcée dans l'église royale de Saint-Denis, le 25 octobre 1824.

XI

Agréons les vœux que faisait le poëte anglais en traversant la France, en 1843 :

. . . .
Gardez, gardez un orgueil légitime
Pour tout relief de votre bon vieux temps.
Balayez-moi tous ces encombrements
De noms affreux, d'ignoble consonnance.
Faites revivre au beau nom de Provence
Ces coteaux secs où l'olivier pâlit !
Que ces clochers que l'ogive embellit
Percent encor les bois en Normandie !
Du Canigou que la crête hardie
De l'Aquitaine éclaire l'horizon !
Que Poitevin, Champenois, Bourguignon,
Trouve en ces noms la puissante magie,
Le grand secret de la Chevalerie !
Que de vos rois le Fils prédestiné
Retrouve aussi son titre au Dauphiné !
Au jour voulu qu'une princière foule
Le mène à Reims, où dort la Sainte-Ampoule !
Que l'esprit de Khlovigh, l'esprit de saint Louis
Prépare, aux yeux des peuples éblouis,
A l'Occident de jeunes destinées !
Pour vous alors que de belles années,
Et pour nous tous ! La France en a la clef.

Réveille-toi, pour un grand jubilé,
Règne des Lis, et redeviens toi-même !
Que tes héros forment un diadème
Autour du front du Pontife Romain !
Que leurs cœurs soient son rempart souverain !

que les enfants, Louis, montent la garde
A ton tombeau ! L'univers les regarde,
Qu'ils soient un peuple et de rois et de saints
L'Anglais lui-même alors battra des mains.

WILLIAM FABER,

Ministre anglican de l'Université d'Oxford, converti au catholicisme en 1845, et mort en 1863 supérieur de l'Oratoire de Londres. Il fut l'un des plus grands mystiques de notre époque et peut-être même le premier mystique de notre siècle. « C'est, dit Mgr Pie, l'une des plus vives et des plus pures lumières de l'Église contemporaine. »

XII

« Aujourd'hui, comme au temps du déluge, les hommes sont en guerre contre Dieu. Le traité d'alliance paraît être sur le point de se signer. Cette fois le traité sera signifié à la terre, comme jadis, par la colombe de l'arche ; néanmoins l'oiseau divin portera dans son bec, non plus une branche d'olivier, mais une fleur de lis. » (SILVIO *Pellico*.)

Prêtons l'oreille de notre âme aux Oracles du Ciel, et nous serons convaincus qu'Henri V est le providentiel Libérateur de la France. Comme saint Louis, il possède les quatre qualités indispensables à un grand monarque prédestiné, à savoir : un jugement sain, la vertu, la perspicacité et l'énergie. Il apparaîtra à l'entrée du *Monde nouveau et éclairé*, comme ces géants que l'histoire profane et sacrée nous peint au berceau de la société, et qui se montrèrent à la terre après le déluge. Mais, avant qu'il règne dans toute sa royale majesté de César chrétien, de rudes épreuves fondront encore sur nous, car les immenses châtiments dont vient d'être frappée la Nation, n'ont pas encore ouvert les yeux aux masses : la malheureuse France n'est revenue que partiellement à son Dieu, et il faut que tout entière elle tombe à genoux...

1° Révélation sur la cause des malheurs de la France. — Elle date du mois d'octobre 1870. Elle fut faite par une âme du purgatoire, celle du père d'une novice d'un couvent cloîtré de Belgique. C'est de la bouche même de la supérieure de ce couvent que cette pièce a été recueillie par M. l'abbé Curicque. Elle fait partie d'un chapitre spécial de ses *Voix prophétiques*, 3ᵉ édit., p. 165. Voici notre emprunt :

« La France est bien coupable devant Dieu ; mais
« elle doit surtout à trois grands péchés qui sont
« devenus comme des crimes nationaux, tant ils se
« sont répandus chez elle, de se trouver ainsi aban-
« donnée du Ciel : 1° le blasphème, non-seulement
« par jurons, mais par tous ces discours impies et
« ces écrits sataniques qui ne cessent de propager

« l'irréligion ; 2º la profanation du dimanche où si
« peu de fidèles fréquentent les offices, pendant que
« la masse de la nation travaille ou se livre au
« plaisir ; 3º le mépris de la paternité ou de la sainte
« fécondité du mariage, tant sont devenues rares
« les nombreuses familles, et se sont multipliés les
« époux prévaricateurs... La France sera sauvée,
« mais à condition de redevenir d'abord chrétienne.
« Quand le salut lui arrivera-t-il ? Dieu ne me permet
« pas de le dire. »

Hélas ! les plaies de notre pauvre France sont ici discrètement mises à nu : elles sont trop grandes pour que tout autre régime que celui d'un retour sincère à la vie chrétienne puisse les cicatriser et la ramener à son rang prédestiné de Reine des nations.

Que Dieu convertisse la France ! Que dans sa miséricorde il opère un triple changement dans les pouvoirs politiques, les mœurs du peuple et les doctrines publiques !!!

2º **Prophétie inédite de la Vén. Anna-Maria Taïgi.** — Nous avons reçu ce document, resté inédit jusqu'à ce jour, de la charitable obligeance d'un docte et saint prêtre, qui le tient, tant d'un religieux, supérieur de communauté, que d'une autre personne aussi très-respectable. Il a été recueilli en deux fragments à Rome, il y a plusieurs années.

Notre honorable correspondant nous affirme qu'il a entre les mains toutes les preuves d'authenticité de cette pièce prophétique, au point qu'il lui est impossible de la révoquer en doute. Voici le texte :

« Le pape Pie IX réunira un Concile » (*celui du Vatican*). « On y proclamera une nouvelle consti-
« tution de l'Eglise » (*celle Dei filius promulguée le 21 avril 1870*). « Anna-Maria a indiqué, les uns
« après les autres, tous les siéges dont les évêques
« feraient opposition à la proclamation du dogme
« de l'Infaillibilité Pontificale » (*définie en session solennelle le 18 juillet 1870*). « Très-peu de temps
« après la promulgation de la nouvelle Constitution
« de l'Eglise, l'empereur des Français déclarera la
« guerre au roi de Prusse » (*les hostilités datent du mois de juillet 1870.*) « Il sera vaincu et fait prison-
« nier. Alors la France sera abaissée parce qu'elle
« n'aura pas su profiter de ses avantages de Fille
« aînée de l'Eglise et de protectrice de la Papauté. »

Avant de parfaire cette prophétie, il est à propos de laisser ici la parole à un savant publiciste, auteur de la *Politique Chrétienne* : « Pendant dix ans, dit M. Coquille, nos ambassadeurs à Rome fatiguèrent Pie IX de leurs plans pour la réforme de l'Église et pour l'abdication du Pontife. Ils offraient à Pie IX des compensations en argent ! Souvent ils entamaient des arguments théologiques que leur soufflaient quelques prêtres équivoques. Ils balbutiaient en récitant la leçon, et on riait de ces théologiens improvisés. La convention de septembre vint couronner l'œuvre d'hypocrisie... Napoléon et Victor-Emmanuel traitèrent entre eux de Pie IX et des États de l'Église. Il fut décidé que Victor-Emmanuel envahirait Rome au signal de Napoléon. Ce signal a été donné. Le jour où notre drapeau s'abaissait à Civita-Vecchia, notre armée, rompue sur les bords du Rhin, se repliait en désordre, et Napoléon, qui allait conquérir pour son fils la transmission du trône, perdait tout. Sa chute, plus lamentable que celle de son oncle, a dépassé toutes les prévisions. Décidément l'excommunication ne porte pas bonheur. La conscience chrétienne sentait d'avance l'heure du dénouement. Cent fois le Pape, dans ses entretiens, dans ses allocutions, avait dit : Tant que l'armée française veille aux portes de Rome, l'empereur ni la France n'ont rien à craindre. Presque tous les évêques de France, dans leurs mandements et lettres pastorales, ont reproduit cette parole prophétique, que les écrivains catholiques répétaient, commentaient chaque jour. Tous ces témoignages rempliraient un volume. L'arrêt de la justice divine n'a pas tardé d'une minute. Le doigt de Dieu est ici. L'empereur se traîne jusqu'à Sedan, où il livre son armée au roi de Prusse. Désastre sans précédent dans l'histoire et qui laisse derrière lui Leipsick et Waterloo. »

Reprenons la prophétie de la Vénérable Taïgi

Elle va nous donner une idée des événements qui vont se dérouler :

« Elle » (*la France*) « tombera dans une anarchie
« épouvantable. Les diverses factions politiques » (*Républicains de toutes nuances, Bonapartistes, Orléanistes, c'est le tricast de Michel de Nostredame, ci-après mentionné,*) « se feront une guerre acharnée ;
« les vieillards eux-mêmes prendront les armes.
« Enfin, à bout de sang et de rage, les partis politi-
« ques ne pouvant s'entendre, recourront d'un
« commun accord à la médiation du Saint-Siége.
« Alors le Pape enverra en France un légat spécial
« pour y prendre connaissance de l'état des choses
« et des esprits ; puis, sur l'exposé qui lui en sera
« fait, Sa Sainteté nommera elle-même un Roi très-
« chrétien pour gouverner la France. » (*Ce sera Henri V, et ce choix, qui laissera entrevoir à Pie IX l'aurore du triomphe de l'Église, provoquera le martyre de celui-ci, vers 1873, par la démagogie ivre de fureur et de vengeance infernales.*) « Pendant ce
« temps la Révolution universelle éclatera. Les
« prêtres seront presque universellement massacrés,
« à ce point qu'il faudra faire plusieurs journées de
« chemin pour en rencontrer un. Les églises seront
« fermées, mais pour peu de temps (1). Après ces

---

(1) Une autre copie reçue par notre correspondant et venant aussi de Rome, porte cette variante : « ... La religion sera persécutée et les prêtres seront massacrés ; les églises seront fer-

« effroyables événements commencera pour l'Église
« une ère de prospérité incomparable. » (Voir au
SUPPLÉMENT *notre texte interprété de la Prophétie
Ursulienne dite de Blois.*)

Cette annonce du massacre des prêtres peut ne
pas se réaliser dans toute son étendue, car les prophéties menaçantes sont toujours conditionnelles.
Cependant, qu'il nous soit permis, dans un but de
charité chrétienne, de solliciter l'attention des ministres du Seigneur sur cette doctrinale et salutaire
pensée du R. P. Chaignon : « Le prêtre, dit-il, est
appelé de Dieu pour être dans un état perpétuel de

mées, mais pour peu de temps. Le Saint Père sera obligé d'abandonner Rome. »

Dans ce Pontife prenant le chemin de l'exil, nous ne voyons pas la personne de l'illustre Pie IX, mais celle de son successeur prophétisé par saint Malachie, sous cette devise : *Lumen in cœlo*, la lumière dans le ciel. Plusieurs prophéties, notamment celle d'Anna-Maria sur le Pontife Saint, et rapportée dans notre SUPPLÉMENT, page 65, nous invitent à nous arrêter à cette opinion, et d'autant plus que l'héroïque Pontife disait naguère à Mgr de Blois, en présence de M. Maillet, docteur en théologie et en droit canon, une parole significative que celui-ci nous a transmise de vive voix : « Il faut, s'est écrié Pie IX, que le Pape reste à l'ombre de saint Pierre ! » Cette vaillante parole est confirmée par une autre plus récente que le correspondant romain du *Rosier de Marie* (Voir le n° du 25 novembre 1871.) recueillit aussi de la bouche auguste de Sa Sainteté, qui, certes, affirma sa détermination de tout braver, en disant : « Je ne quitterai *jamais* ma prison près du tombeau de saint Pierre. »
Tout cela concorde avec le Secret de Mélanie et d'autres prophéties, comme on le verra plus loin.

victime et de pénitent public; le prêtre est chargé des iniquités du peuple; à lui de les pleurer et de les expier. » « Lorsque Dieu veut châtier un peuple, ajoute saint Liguori, le châtiment commence par les prêtres, parce qu'ils sont la cause première des péchés du peuple, soit par leurs mauvais exemples, soit par leur négligence à l'égard des âmes qui leur sont confiées. C'est pourquoi le Seigneur dit alors : *Tempus est ut incipiat judicium a Domo Dei* (I PETRI, IV, 17). Dans le massacre décrit par Ezéchiel, Dieu a voulu que les prêtres fussent les premières victimes : *a sanctuario meo incipite* (IX; 6.) » Dieu va donc encore demander aux prêtres le sacrifice du sang, (surtout en Italie) pour apaiser son légitime courroux, pour compenser les immolations volontaires de la pénitence qu'un trop grand nombre, peut-être, n'auront pas eu la générosité de lui offrir. Ceux qui ne seront pas des victimes sans tache, laveront leurs fautes dans leur propre sang, comme Mgr Darboy, et ils remporteront encore la palme des martyrs! L'hostie pure entre toutes, celle par excellence et de suave odeur devant le Seigneur, sera probablement l'héroïque Pie IX ; ainsi se réalisera sa terrible devise : *Crux de Cruce*. C'est donc au prix du sang, mais surtout au prix du sang innocent, de ce sang pur et généreux qui coule dans les veines des saints, de ce sang sacerdotal qui participe en première ligne à l'efficacité divine du sang de l'Agneau, que Dieu accordera le triomphe de l'Église et la conversion générale.

❊

3° **Prédictions inédites de Marguerite Raynaud.** — Marguerite Raynaud vivait il y a quelques années à Aillon-le-Jeune, canton de Chatelard (Savoie), où elle mourut saintement. C'était une pauvre fille de campagne, sans instruction, ni connaissance des choses du monde. Elle reçut du Ciel le don de prophétie comme le prouve l'exacte réalisation, soit avant, soit après sa mort, de plusieurs de ses prédictions. Elle fit part de ses révélations à un ecclésiastique de mérite et de savoir, M. l'abbé B..., curé de..., diocèse de Chambéry, qui les a recueillies au mois d'avril 1848, et communiquées à l'un de ses amis, M. l'abbé F.-M. G..., lequel nous les a transmises par sa lettre du 2 octobre 1874, en nous invitant à les publier. Nous en extrayons le passage suivant, qui se rapporte à notre époque et qui s'accorde avec la prophétie précédente d'Anna-Maria.

« La révolution, ou plutôt la persécution, durera
« cinq cent quatre-vingt-dix jours. Le peuple, lassé,
« s'élira ou rappellera un chef ou roi. Prions pour
« qu'il ait les lumières nécessaires. Avant que ces
« choses arrivent beaucoup de sang sera versé. »
(*Durant la guerre de 1870-71 : guerre étrangère*

et guerre civile, etc.) « Les membres du gouverne« ment provisoire ne gouvernent pas selon le cœur
« du Saint-Enfant Jésus. Aussi, ils ne tarderont pas
« à être, les uns tués, les autres dispersés. Tout cela
« est pour moissonner les méchants et épurer les
« justes. Le premier chef » (*Adolphe 1er ; 1/3*) « a
« l'esprit du monde. » (*Il comprend tout, hormis la
grandeur qui vient de l'ordre moral, a dit avec
justesse l'illustre Châteaubriand.*) « Il n'a pas assez
« de lumières pour gouverner selon les désirs du
« Saint-Enfant. Aussi il ne vivra pas longtemps. »
(*Marianne de Blois dit que la mort d'un grand
personnage sera cachée pendant trois ou onze jours.
Ne serait-ce pas Adolphe?*)

« Le clergé d'Italie est s + 91591. 3. 7. X. Aussi,
« après la guerre, une épidémie arrivera : Seconde
« moisson.

« Une partie de l'Europe est accoutumée à la
« parole de Dieu. Elle en a abusé : aussi l'abandon« nera-t-elle.

« A Constantinople : schismatiques nombreux qui
« retourneront à la foi.

« Dans la vigne » (*du Seigneur*), « sur deux cents
« millions, treize millions seulement de *bons*. Peu
« de p 9. 3. 2. 9. 3. s vraiment selon le cœur du
« Saint-Enfant. Manque de foi, de pénitence (moins,
« en comparaison, dans les fidèles)... Leur condam« nation au fond du calice... ; s 9 + 9. 6. 1. 3. 2 es

« nombreux et plusieurs autres choses, causes des
« fléaux qui nous menacent. »

M. l'abbé F.-M. G. ajoute cette observation :
« M. l'abbé B. a reproduit, autant que sa mémoire
le lui a permis, les pensées et les expressions mêmes
de la voyante. Cette parole surtout est textuelle :
Leur condamnation, etc. — Un prophète biblique aurait-il dit plus énergiquement, plus éloquemment ? »

N'oublions pas que, de concert avec beaucoup de
Prophètes, Michel de Nostredame s'écrie :

Malheur ! malheur au clergé ! il sera dans la ruine
et la désolation ! son sang sera répandu comme de
l'eau, et en si grande abondance qu'il ne pourra
être étanché pendant un temps assez long :

> Des gens d'Église sang sera espanché
> Comme de l'eau en si grand abondance,
> Et d'un longtemps ne sera restanché
> Vë, vë au clerc, ruine et doléance. (Cent. VIII, quat. 98.

4° **Prédiction belge inédite.** — Elle nous a
été adressée par une personne grave, prudente,
judicieuse, et des plus respectables, qui, dans sa
lettre du 25 août 1871, s'exprime en ces termes :
« Voici ce que je tiens d'un prêtre qui l'a lu dernièrement dans une lettre d'un R. P. Provincial d'un
Ordre très-austère : « Un religieux de Belgique, d'une
« haute vertu, appartenant à une communauté

« cloîtrée, a révélé que nous allions être châtiés pro-
« chainement par le choléra et la famine ; par une
« guerre plus affreuse que la première, et que les
« fléaux et les épreuves dureraient encore deux ans
« et demi. » Le religieux connaît la personne inspirée, et il trouve dans sa sainteté toutes les raisons
qu'on peut désirer pour croire à la vérité de ses
révélations. »

Comme on le voit, cette annonce concorde suffi-
samment bien avec la prophétie déjà citée d'Anna-
Maria Taïgi ; mais elle se trouve surtout expliquée
par les détails effrayants que renferme la pièce
suivante.

3° **Prophétie de M. Viannay, curé d'Ars.**
— Peu de temps avant sa mort, arrivée le 4 août 1859,
ce saint prêtre prophétisa sur les événements douloureux et heureux que la justice et la miséricorde du
Seigneur réservaient à la France. Il communiqua
plusieurs de ses vues prophétiques à un bon paysan
des environs de Rodez, qui, étant allé le consulter
sur sa vocation, entra d'après les conseils de l'homme
de Dieu, dans la congrégation des RR. PP. Lazaristes,
en qualité de frère convers. Ses supérieurs jugèrent
à propos de lui faire consigner, par acte notarié,
les révélations qu'il recueillit de la bouche sainte du
curé d'Ars. En voici la dernière partie, relative

surtout à l'avenir et extraite des livres du R. P. Marie-Antoine et de l'abbé Curicque :

« Après leur victoire, les ennemis » (*les Prussiens*) « ne quitteront pas tout à fait les pays occupés.

« Les communistes de Paris, après leurs défaites » (*par l'armée de Versailles, en mai 1871*), « se répan-
« dront dans toute la France et se multiplieront
« beaucoup : ils s'empareront des meubles » (*armes*),
« ils opprimeront les gens d'ordre ; enfin la guerre
« civile éclatera partout.

« Les ennemis » (*les Prussiens*) « reviendront et
« ils détruiront tout sur leur passage ; ils arriveront
« près de Poitiers sans trouver de résistance, mais
« là ils seront écrasés par les défenseurs de l'Ouest
« qui les poursuivront. » (*Ainsi les corps de Catheli-
neau et de Charette seront reformés vers l'époque du
renversement gouvernemental prédit ci-dessus par
Marguerite Raynaud.*) « D'autre part on leur coupera
« les vivres et on leur fera éprouver de grandes
« pertes ; ils se retireront vers leur pays, mais il n'y
« en aura guère qui rentreront ; on leur reprendra
« tout ce qu'ils auront enlevé et même beaucoup
« plus. » (*Ceci corrobore les textes cités ci-après relatifs
au couronnement d'Henri V à Aix-la-Chapelle.*)

« Les méchants » (*républicains, bonapartistes, orléanistes ou démagogues*) « se rendront maîtres dans le
« Nord, l'Est et le Sud-Ouest ; ils feront beaucoup
« de prisonniers, commettront beaucoup de meur-

« tres; ils voudront même faire périr tous les
« prêtres et tous les religieux. »

(*Plus haut, Anna-Maria dit à peu près la même chose.*) « Ce ne sera pas long. » (*Cette persécution ne durera pas longtemps.*) « On croira que tout est
« perdu, et le bon Dieu sauvera tout, ce sera comme
« un signe du jugement dernier. Paris sera changé »
(*par suite d'immenses ruines*) « et aussi deux ou trois
« autres villes. » (*Lyon et Marseille sont nommées ci-après.*)

« Dieu viendra en aide, les bons triompheront
« lorsqu'on annoncera le retour d'un Roi. » (*Henri V*)
« Celui-ci rétablira une paix et une prospérité sans
« égales. La religion refleurira plus que jamais. »

C'est là la consolante conclusion de tous les textes prophétiques relatifs à la crise actuelle.

⁂

6° **Vraie Prophétie inédite de saint Césaire d'Arles, mort en 542.** — Cette pièce nous a été envoyée le 7 juillet 1871, par un digne prêtre, qui l'a reçue de M. l'abbé Trichaud, du diocèse d'Avignon, missionnaire apostolique, supérieur d'un couvent cloîtré, auteur de plusieurs ouvrages historiques et religieux. M. Trichaud affirme à notre correspondant, par sa lettre en date à Arles du 17 mars 1847, qu'il a traduit ce document sur le manuscrit latin de la vraie Prophétie de S. Césaire, lequel manuscrit fut légué par Mgr Du Lau, dernier archevêque d'Arles, à son secrétaire M. le chanoine Clarion.

Depuis seulement notre 1re édition, nous connaissons la belle brochure intitulée : *Pie IX et Henri V d'après la grande prophétie inédite de saint Césaire*, par Mme la Comtesse Pia de Saint-Henri; 3e édit., Gr. in-8°, Marseille, 1871. Nous y trouvons, tout au long, le texte latin de l'émérite Prophétie du premier primat de la Gaule. Elle est précédée d'une lettre de M. Trichaud, qui prouve l'authenticité incontestable de cette pièce. Il en donne même une nouvelle traduction accompagnée d'explications démontrant que tous les événements passés et actuels, qui y sont annoncés, se sont réalisés avec une exactitude remarquable (1).

---

(1) En mettant le texte de cette pièce en regard de celui de Jean de Vatiguerro, il est facile de voir que ce compilateur du treizième siècle, a fait un salmigondis de la prophétie de saint Césaire avec d'autres prophéties et ses idées personnelles.

Par ignorance, M. Torné avait cru pouvoir dénigrer la vraie prophétie du Pontife Arlésien, dont nous lui avions communiqué un petit fragment dans une de nos lettres privées. C'est pourquoi, dans notre première édition, nous lui avons répondu crûment et en imitant son genre *sabreur*, afin qu'il comprît la justesse de notre protestation : une fois suffit. Aujourd'hui nous nous contentons donc de l'informer que, sans se déranger, il peut lire la grande prophétie de saint Césaire, et partant s'éclai-

Nous n'allons rapporter que le fragment final de ce document, en améliorant la traduction publiée dans notre première édition.

« ..... L'Aigle vole pour la seconde fois » (*Napoléon III, 1852*) « et porte la guerre au delà de la Gaule » (*en Crimée, en Chine, en Italie, au Mexique, etc.*). « Tous les fléaux du Tout-Puissant tombent sur les hommes devenus impies. Tous les éléments sont en perturbation. La terre tremble en plusieurs lieux et engloutit les vivants. Les fruits du sol diminuent ; les racines sont privées de l'humidité nécessaire. Les semences pourrissent dans les champs, et celles qui germent ne produisent rien. L'air est corrompu et sa direction naturelle est déviée presque partout. Les hommes et les animaux sont frappés d'une mort prompte et variée, causée par des maladies pestilentielles. » (*Depuis 1816 nous avons vu tous ces fléaux s'abattre sur l'univers, tantôt sur un point, tantôt sur un autre. Aujourd'hui ils se continuent encore. Voilà des châtiments à nos prévarications contre les lois de Dieu et de son Église ! Il faut les reconnaître bon gré mal gré !*)

« . . . .

rer et goûter de bonnes choses fort bien dites, grâce à la plume virilement catholique et patriotique de la noble et vaillante comtesse de Saint-Henri, — sans oublier le savant abbé Tribaud.

« Quel est ce roi de frayeur, ce grand fanfaron
« (*Magnidicus*), accourant de l'aquilon avec une
« nombreuse armée de cavaliers et de fantassins? »
(*C'est Guillaume, le roi de Prusse avec ses* 1,300,000
bandits rapaces, déguisés en soldats, en 1870-71.)
« Il ravage et purifie » (*comme étant l'instrument de
la colère divine*) « la Gaule » (*la France*) « INFI-
DÈLE A SON DIEU ET A SES PRINCES » (*légitimes, des Lis*).

« Affaibli et délaissé, l'Aigle » (*Napoléon III*)
« laisse tomber le sceptre de ses serres débiles »
(*Sedan!!!*) « et s'évanouit à jamais (1). Horrible
« cliquetis d'armes! Le fer et le feu enserrent la
« Babylone » (*Paris sous les deux siéges de
1870-71, en attendant un troisième.*) « de la Gaule,
« qui tombe dans un grand incendie et noyée dans
« le sang; puis la seconde ville du royaume » (*c'est
Lyon*), « puis une autre » (*Marseille*) « sont dé-
« truites!...

« Alors brille l'éclair de la miséricorde divine; car
« LA JUSTICE SUPRÊME a châtié tous les méchants.
« Il arrive le noble exilé DONNÉ DE DIEU » (*Henri V,
Dieudonné*), « il monte sur le trône de ses pères,

---

(1) Ceci n'empêche pas de craindre une tentative de résurrection de l'Aigle, en faveur de Napoléon IV, avant le règne
d'Henri V. Ce serait vraisemblablement dans les prochains jours
lugubres de la grande crise, mais la durée de cette renaissance
ne serait que de quelques semaines ou mois.

« d'où la malice des hommes pervers l'avait
« chassé (1). Il recouvre la couronne des Lis re-

1) Ce passage est fortifié par la partie du texte concernant la révolution de 1830, où saint Césaire dit : « Tandis que le sol « barbaresque » (d'Afrique) « est dominé par le drapeau blanc « victorieux, » (par la prise d'Alger,) « les Capétiens tremblants, « ignominieusement trahis » (par le duc d'Orléans, L.-Philippe) « et l'ENFANT PRÉDESTINÉ » (Henri V) « sont poussés en exil « par la furieuse cohorte » (des révolutionnaires).
De son côté, le prophète d'Orval, après ses annonces de malheur, s'écrie : « Dieu aime la paix ; Venez, jeune prince, quittez « l'île de la captivité » (la terre étrangère) ; « joignez le Lion à « la Fleur blanche. Ce qui est prévu Dieu le veut : le vieux sang « des siècles terminera encore longues divisions ; lors un seul « pasteur sera vu dans la Celte-Gaule. » (Dans le langage antique et biblique les rois sont appelés pasteurs des peuples.) « L'homme puissant par Dieu s'asseyra bien ; moult sages rè- « glements appelleront la paix » etc.
En 1869, nous voyions dans ce « jeune prince » le duc Robert de Parme, neveu de Henri V. Nous avons imprimé cette interprétation en 1870 ; mais depuis, nous voyons Monseigneur le Comte de Chambord épousant à vingt-six ans Son Altesse Royale Marie-Thérèse d'Este, laquelle porte dans ses armes un *Lion*, soit comme archiduchesse d'Autriche, par son père, soit comme fille de François IV, duc de Modène. C'est bien là l'union du Lion et de la Fleur blanche ou des Lis. C'est le sacrement du mariage qui a *joint* ces deux blasons. Pour plusieurs, il est utile d'ajouter que le prophète Cistercien voit les choses sur un seul plan, où tout est présent à ses yeux. — Cependant « le Lion » peut symboliser aussi la force et la souveraineté incomparables d'Henri V, qui, pour cette raison, pourrait ajouter un *Lion* dans les armes de France. Là-dessus, l'avenir nous fixera. Mais ce qu'il y a de certain à présent, c'est que les manifestes vraiment royaux de Mgr le Comte de Chambord, révèlent assez haut que la prophétie d'Orval ne peut désigner que l'enfant du miracle, l'enfant prédestiné, le Grand Monarque Henri V.

« fleuris. Par son courage invincible, il détruit tous
« les fils de Brutus dont la mémoire périra éter-
« nellement. » (*Messieurs les républicains et
révolutionnaires croiront-ils d'avance en cet oracle?
— Point. Il leur faudra attendre sa réalisation
foudroyante pour eux!*)

« Après avoir posé son siège dans la ville ponti-
« ficale » (*à Avignon*), « le Roi de Blois » (*le comte
de Chambord, Henri V*) « relèvera la tiare royale »
(*la royauté temporelle*) « sur la tête d'un saint
Pontife » (*le successeur de Pie IX, désigné par la
devise Malakienne* Lumen in cœlo) « abreuvé par
« l'amertume des tribulations; ce Pontife saint obli-
« gera le clergé à vivre selon la discipline des âges
« apostoliques. Tous deux, unis d'esprit et de cœur,
« feront triompher la réformation du monde. O
« très-douce paix! tes fruits se développeront dans
« les siècles des siècles. Amen. »

Saint Césaire, en désignant le comte de Chambord
sous le nom de « Roi de Blois » fait allusion au château situé à 15 kilomètres de Blois et qui appartient
au futur Henri V.

Ce passage est en concordance parfaite avec notre
prophète national, dont nous ne pouvons nous dispenser de citer quelques fragments dans le premier
paragraphe suivant.

Quant au Pape qui réformera le monde, de concert
avec Henri V, il n'est guère admissible que ce soit

Pie IX. Là-dessus M. Trichaud a exprimé une opinion tout opposée. Notre héroïque Pontife est assurément « abreuvé de tribulations, » mais, à notre avis, son successeur le sera aussi au début de son Pontificat. Comment appliquer le texte de saint Césaire à Pie IX, quand on sait, d'après Anna-Maria, que Sa Sainteté ne règnera pas au delà de 27 ans et quelques mois finissant en 1873 ? Nous donnons plus loin des textes et des explications qui confirment notre manière de voir, quoique d'autres textes semblent la condamner.

7° Prédictions de Michel de Nostredame, mort à Salon, en 1566.

Le Roy de Bloys dans Avignon régner. (VIII, 38.)
Le grand Chyren soy saisir d'Avignon. (IX, 41.)

Nota. Chyren est l'anagramme de Henri, qu'anciennement on écrivait Henryc.

Dans une autre centurie, le prophète répète encore le premier vers :

Le Roy de Bloys dans Avignon régner.
D'Amboise et semer viendra le long de Lyndre
Devant Bonieux viendra la guerre esteindre. (VIII, 52.)

Nota. Lyndre pour l'Indre. — Bonnieux, chef-lieu de canton du département de Vaucluse, non loin de Saint-Paul-Trois-Châteaux, ancienne capitale du Tricastin, envisagé par le voyant dans les vers suivants :

> Dans Avignon tout le chef de l'empire
> Fera arrest pour Paris désolé
> Tricast tiendra l'Annibalique ire. (III, 93.)

Nous avons vu plus haut ce qu'il faut encore entendre par ce mot *tricast* dont parle amplement le *Supplément à l'Avenir dévoilé*.

Les enragés Communards de 1871 n'ont pas encore rempli l'infernal programme de l'*Internationale*. Mais, patience, Paris sera de nouveau pétrolé, Paris sautera, quand la ville de Lyon, située à peu près à 45° de latitude Nord, sera brûlée par les flammes vengeresses de la Justice céleste. C'est le prophète de Salon qui nous l'annonce dans ce quatrain :

> Cinq et quarante degrez ciel bruslera
> Feu approcher de la grande cité neuve (Haussmannisée).
> Instant grand flamme esparse sautera,
> Quand on voudra des Normans faire preuve. (VI, 97.)

Quels sont ces Normans ? Sont-ce les d'Orléans ? Voici le complément de cet oracle. Méditez-en les menaces :

> La grande cité sera bien désolée,
> Des habitants un seul n'y demeurra :
> Mur, sexe, temple, et vierge violée,
> Par fer, feu, peste, canon, peuple mourra. (III, 84.)

Après les ignominies de 1793, de Maistre s'écriait :

« Français ! c'est au bruit des chants infernaux, des blasphèmes de l'athéisme, des cris de mort et des longs gémissements de l'innocence égorgée, c'est à la lueur des incendies... que vos séducteurs et vos tyrans ont fondé ce qu'ils appellent *votre liberté !*.... »

En lisant ces lignes, ne croirait-on pas qu'elles ont été écrites au lendemain des saturnales de la Commune de 1871 ? Eh bien ! elles s'appliquent encore à un avenir prochain ! Mais, constance ! la pacification arrivera. Et, après « sept mois grand guerre » (*Cent.* IV, *quat.* 100), Henri V sera sacré à Reims (1). Il sera aussi couronné à Aix-la-Chapelle

---

(1) Le sacre de Henri V est décrit dans une magnifique vision expliquée p. 75-81 du *Supplément à l'Avenir dévoilé*. L'auteur de cette vision prophétique est une sainte religieuse nommée dans le monde Victoire Gouriou et en religion Sœur de la Miséricorde. Elle est née à la Jarrie, près la Rochelle-sur-Mer (Charente-Inférieure), de Charles Gouriou, chirurgien, et d'Anne Dunau. Le 17 mai 1820, elle entra au monastère de la Trappe de Notre-Dame-des-Gardes, près Chemillé (Maine-et-Loire). Elle avait alors soixante-sept ans et sortait de la communauté des Dames de Sainte-Madeleine, à Nantes, afin d'embrasser un genre de vie plus parfait. Le 18 juin suivant, elle reçut le saint habit du Tiers-Ordre de la Trappe ; elle fit profession, en qualité de Tierçaire, le 13 août 1821, et, le 21 avril 1825, elle expirait dans l'amour de son céleste époux, à l'âge de soixante-douze ans environ. Toutes ses visions sont antérieures à son entrée à la Trappe.

Nous tenons cette petite biographie de la charitable obligeance de la Révérende Mère Marie-Léocadie, prieure de Notre-Dame-des-Gardes. Nous n'avons pu l'imprimer dans le *Supplément à*

lors de notre revanche contre la Prusse. Et ce double couronnement aura lieu l'année où Saturne sera en conjonction avec le Soleil, car le Centuriateur dit :

L'an que Saturne en eau sera conjoint
Avecques Sol, le Roy fort et puissant,
A Reims et Aix sera receu et oingt. (IV, 86.)

Que MM. les astronomes fassent donc leurs calculs ! C'est alors que nous arborerons dans la cité qui nous est particulièrement chère, à Reims, B....... d des P........s, XXIII, un gigantesque drapeau blanc, portant ces mots :

VIVE HENRI V,
LE GRAND MONARQUE,
DON DE DIEU !!!

En attendant, écoutons encore la voix prophétique de l'illustre comte de Maistre : « Pour rétablir l'ordre, le Roi convoquera toutes les vertus : il le voudra sans doute ; mais, par la nature même des choses, il y sera forcé. Son intérêt le plus pressant

---

l'Avenir dévoilé, attendu que nous ne l'avons recueillie qu'au commencement de septembre 1871. Nous l'insérons ici parce qu'elle fera plaisir, non-seulement à nos sympathiques lecteurs, mais, peut-être encore plus, aux auteurs de publications prophétiques, car ces derniers ne manqueront pas de profiter de cette trouvaille. Espérons, cette fois, que leur loyauté méritera des félicitations.

sera d'allier la justice à la miséricorde; les hommes estimables viendront d'eux-mêmes se placer aux postes où ils peuvent être utiles; et la religion prêtant son sceptre à la politique, lui donnera les forces qu'elle ne peut tenir que de cette sœur auguste. »

Quel magnifique programme! c'est celui que renferme la lettre monumentale du comte de Chambord, datée du 8 mai 1871. Il semble impossible à réaliser, tant il est en contradiction avec un long passé de fautes, de crimes et d'horreurs sauvages!...

« Français! — s'écrie de nouveau le grand Joseph de Maistre, — c'est au nom de Dieu très-grand et très-bon, à la suite des hommes qu'il aime et qu'il inspire, et sous l'influence de son pouvoir créateur, que vous reviendrez à votre Constitution, et qu'un Roi vous donnera la seule chose que vous deviez désirer sagement : *la liberté par le Monarque.*

« ... Le Roi seul et le Roi légitime, en élevant du haut de son trône le sceptre de Charlemagne, peut éteindre ou désarmer toutes les haines, tromper tous les projets sinistres et calmer les esprits agités. Les institutions républicaines n'ont point de racine en France, elles ne sont que posées sur le sol : elles céderont à un souffle et ne laisseront point de traces. »

La preuve concluante pour l'avenir est résolue dans le passé. Aujourd'hui nous disons déjà de la république de septembre : Elle se meurt! Demain nous dirons : Elle est morte! Vive le Roi Fort et Puissant !!!

Toutefois n'oublions pas que nous appréhendons une restauration bonapartiste éphémère, alors que les factions politiques provoqueront la guerre civile et une nouvelle invasion des Prussiens, comme il est dit ci-dessus.

8° **Prophétie d'Anselme, évêque de Marsico-Nuovo.** — Les malheurs, dont est encore menacé Paris, la nouvelle Babylone, semblent avoir été prédits par Anselme, qui, au xiie siècle, était évêque de Marsico-Nuovo, au royaume de Naples (1).

(1) Et non pas évêque *du Sunium*, comme le dit à tort « l'é-« diteur de la ville de Nîmes. » Ces derniers mots soulignés et mis entre guillemets ne seront pas compris de tous nos lecteurs, attendu qu'ils imitent une sotte et archib..e dénomination imprimée dans un livre dont nous tairons le titre, contrairement à nos habitudes, afin de donner à l'auteur la leçon qu'il mérite. Combien nous avons raison de déplorer la honteuse jalousie *auctorale*! celle même que nous stigmatisons à la page 212 du *Supplément à l'Avenir dévoilé*. Bref, comme l'éditeur en question et auteur tout à la fois nous comprendra, et qu'il se pose *au Sunium*, vers le pays des *béotiens*, offrons-lui en passant un peu de gros sel *attique*; ce sera un moyen de lui témoigner notre charitable fraternité, malgré la petitesse de ses hauteurs anti-chrétiennes, à nous bien connues, et incompatibles avec sa décoration de Saint-Sylvestre. Donc, qu'il sache que nul ne

Nous trouvons cette prophétie et une autre relative à Rome dans un petit in-18 latin, publié par Pascal Regiselinus, et imprimé à Venise, en 1589, chez Jérôme Porro. Ce volume contient : 1° un abrégé de la vie de Joachim, abbé du monastère de la Fleur, en Calabre, où il mourut en 1202, à l'âge de soixante-douze ans. Cette vie, composée par Gabriel Barius, se termine par une remarquable lettre du pape Honorius III à l'évêque de Lucques, en faveur de Joachim contre ses détracteurs ; 2° et trente vaticinations, dont les quinze premières sont de Joachim, et les quinze suivantes d'Anselmo ; plus la Prophétie turque, dont nous avons publié *le premier de tous* la traduction et l'interprétation dans notre *Supplément à l'Avenir dévoilé*, p. 233.

Chacune de ces vaticinations est accompagnée d'une gravure relative au sujet traité dans celles-là. Joachim fit exécuter en marqueterie beaucoup de ses images prophétiques, dans la magnifique église de Saint-Marc de Venise, tant sur les dalles que sur les murs, les voûtes et les arceaux.

L'image de la xxii° vaticination représente une

---

doit prétendre être à l'abri de la critique, toujours utile quand elle a pour but *d'éclairer* et d'empêcher d'accréditer l'erreur. La critique judicieuse, nous la saluons toujours joyeusement ; nous ne la craignons pas ; nous la réclamons. Cette note répond aussi à une remarque épistolaire du 22 octobre 1871. Nous serons compris par un homme, *double Chevalier*, dit-on : cela suffit ; A bon entendeur, salut !

ville forte avec ses bastions et ses tours remplis de combattants, armés de piques et de hallebardes. A droite, on voit deux piques servant de hampe à deux étendards et un chef militaire qui porte une hallebarde. Le pont-levis de la place est baissé, et la principale porte est ouverte. La coupole de la grande tour de la cité est surmontée d'un drapeau qui flotte comme les deux autres.

La xxiii⁰ vaticination est ainsi conçue (*sic*) :

« Hélas! hélas! malheureuse ville » (*de Paris*) « accablée sous le poids de la douleur et des souf- « frances! ô cité misérable! afin que la lumière appa- « raisse bientôt, on te verra quelque temps tenir les « armes. En tes murs sévira le carnage et couleront « des flots de sang. De là surgira un seul » (*Monarque: Henri V, né à Paris*),« par les cinq principautés » (*figurant toute l'Église, le vrai peuple de Dieu. C'est une allusion aux cinq patriarcats dont était composée la primitive Église.*) « qui n'abandonneront pas la « monarchie » (*celle traditionnelle des Lis*). « Les « dragons » (*les révolutionnaires, les rouges*) « brise- « ront leurs œufs » (*leurs propres enfants*). « Ils en « feront leur nourriture; ils les déchireront en mor- « ceaux, et leurs membres s'armeront pour exciter à « la guerre civile; ils feront périr par le glaive une « multitude innombrable comptée seulement jusqu'à « quarante-deux mille » (*nombre qui ne doit pas être pris dans le sens littéral*). « Toute la cité » (*de Paris*)

« est remplie de fornication : et l'on verra tomber
« l'impudique, l'adultère, le ravisseur et le voleur.
« Alors l'enfant de Sodome voit pour la dernière fois
« la lumière devant les yeux de sa mère » (*la Révolution*), « ante oculos M. » (*Matris*) « ejus »

L'image de la xxv° vaticination représente une ville fermée, c'est Rome. Le drapeau y flotte dans la même direction que celui de l'autre cité; mais on n'y voit pas d'habitants; seulement, six mains apparaissant au milieu de ses tours, semblent l'admirer, la protéger et la bénir, tout en la punissant. Au bas de la gravure on lit ces mots : « Le pouvoir sera l'unité. »

A la xxv° vaticination, le voyant, considérant Rome envahie par le parti démagogique, s'écrie : « Malheur à toi ! ville aux sept collines, lorsque la
« lettre K » (*l'athéisme*) « sera louée dans tes murs.
« Alors sera proche la chute et la ruine de tes
« potentats » (*usurpateurs*), « et de ceux qui favo-
« risent l'injustice. Celui qui a les mains armées de
« faux, qui est lui-même la faux du désert » (*de ce monde*), « qui blasphème contre le Très-Haut est
« Q. V. R. G. » (*Garibaldi*). « Dans C. V. Ysalios »
(*la cité ancienne. — Civit. Veteri, — des Ysaliens,
— des Romains*), « on ressent la syncope du sang.
« O Jean de bonne grâce, Constantin le pauvre !
(*double dénomination désignant Pie IX,*) « toi, qui
« l'appliques aux choses saintes, et qui en portes

« sur les épaules, prends garde que la poussière que
« tu soulèves ne te fasse rougir ! » *(exhortation à la
perfection chrétienne, à l'héroïsme des vertus apostoliques.)* « Celui qui porte une longue barbe » *(Garibaldi)* « sera principalement maudit pour avoir
« excité, par ses conseils, à frapper de mort le Pon-
« tife dont le nom est Jo, Obi » *(Joannes, Jean Pie IX.)*
(Traduit fidèlement pour la première fois.)

9° **Prophétie de la Mère du Bourg.** — Née
à Toulouse, cette vénérable fondatrice de la communauté des Sœurs du Sauveur de Limoges, a consigné
dans ses écrits les communications célestes dont elle
fut favorisée.

A la date de 1830, elle dit : « L'Archange saint
« Michel me révéla qu'il était le protecteur spécial
« de la France, et qu'il y ramènerait un jour le
« Prince Dieudonné. » Mais, avant cet heureux
événement, « il y aura une crise terrible, » ajoutait-
elle en 1830.

Voilà bien le digne héritier du trône de saint
Louis, Monseigneur Dieudonné de Bourbon, le futur
Henri V !

En 1857, la Mère du Bourg écrivait ces remar-
quables paroles : « Le Seigneur m'a fait des plaintes
« d'une manière terrible; il se plaint de cette fureur

« à chercher le plaisir ; il se plaint des danses scan-
« daleuses, de l'indécence et du luxe des parures,
« et s'il défend dans le saint Évangile même un seul
« mauvais regard, même un seul mauvais désir,
« faut-il s'étonner qu'il ne punisse pas par des châ-
« timents terribles la corruption des mœurs qui est
« la suite naturelle de tous ces abus, la source de
« tant de crimes, et qui entraîne avec la ruine des
« bonnes mœurs, celle de la santé et la perte des
« âmes. Les peuples, comme toujours, ont imité
« les mauvais exemples des grands : il n'y a plus
« de digues au torrent des passions furieuses : l'au-
« torité divine est entièrement méconnue ; les
« hommes méprisent les lois de Dieu et les enfants
« celles de la famille ; aussi l'ordre n'est que factice,
« la force et la contrainte seules le maintiennent
« encore.

« Voilà où nous en sommes ! Les châtiments du
« Seigneur vont tomber sur nous en diverses ma-
« nières : des fléaux, des troubles, le sang versé !
« Il y aura dans notre France un renversement
« effroyable ! Cependant ces jours seront abrégés
« en faveur des justes. Dieu élèvera sur le trône un
« roi modèle, un roi chrétien. LE FILS DE SAINT
« LOUIS aimera la religion, la bonté, la justice. Le
« Seigneur lui donnera la lumière, la sagesse et la
« puissance. Lui-même l'a préparé depuis longtemps
« et l'a fait passer au creuset de l'épreuve et de la

« souffrance, mais il va le rappeler de l'exil. Lui,
« le Seigneur, le prendra par la main, et, au jour
« fixé, il le replacera sur le trône. Sa destinée est de
« *réparer* et de *régénérer;* alors la religion consolée
« refleurira; et tous les peuples béniront le règne
« du Prince Dieudonné; mais ensuite le mal repren-
« dra le dessus et durera plus ou moins jusqu'à la
« fin des temps. » *(Apud* le R. P. Marie-Antoine,
capucin de Toulouse, *Le Grand Pape et le Grand
Roi,* etc., 7ᵉ édit., p. 113-117.)

10° **Prophétie inédite d'une Religieuse
Conceptionniste.** — A l'époque de la Révolution
française, il y avait dans la ville de Saint-Omer un
couvent de Religieuses Conceptionnistes. Or, peu
de temps avant la suppression des Ordres religieux,
l'une de ces pieuses Filles trouva dans les papiers
de la Communauté une prophétie manuscrite. Elle
la communiqua à l'une de ses consœurs, qui en fut
plus joyeuse qu'effrayée. En voici un court résumé :

« Il doit arriver de forts grands et longs malheurs.
« Les tribulations ne cesseront qu'après un laps de
« temps dont le terme est encore éloigné, et quand
« un Prince, du nom de HENRI V, régnera. »

Aussitôt après la lecture de ces annonces prophétiques, les deux religieuses se mirent en quête de
savoir si, parmi les dynasties alors régnantes en

Europe, il se trouvait un jeune prince du nom de Henri. Mais elles ne purent rien découvrir pour appuyer leurs espérances. Arriva la dispersion de leur Communauté. L'une de ces deux angéliques sœurs se retira dans sa famille et fut ensuite institutrice dans une petite commune du canton de Saint-Pol (Pas-de-Calais). Elle ne pensait presque plus à la fameuse prédiction, lorsqu'en 1820, apprenant la naissance du duc de Bordeaux et les noms qu'il reçut à son baptême, elle s'écria dans un subit transport d'allégresse : « Le voilà le PRINCE qui doit nous sauver tous ! »

Cette ancienne religieuse communiqua ladite prophétie à un prêtre qui vit encore, et, après une vie toute employée à la gloire de Dieu, elle rendit joyeusement sa belle âme à son Créateur, vers 1835 ou 38.

Dans les premiers mois de 1871, on fit part de cette prédiction à Mgr le comte de Chambord.

Tous ces détails sont d'une rigoureuse exactitude, nous affirme la personne qui nous les transmet. Et celle-ci nous est un sûr garant de leur authenticité.

Nous ne pouvons omettre d'ajouter qu'il y a cinquante ans, alors que les poètes chantaient la naissance de l'Enfant du Miracle, un langage inspiré d'En-Haut retentissait devant la Cour de Louis XVIII, par la bouche éloquente de l'illustre évêque d'Hermopolis, qui s'écriait : « ... Le Ciel avait mis danle cœur des Français je ne sais quelle espèce de certitude qu'il naîtrait un Prince qui serait le sauveur de son pays… Quelles ne seront pas les destinées de cet enfant miraculeux! Il sera le ROI de son siècle… Il sera le père de ses sujets par la bonté, surtout il en sera le Roi par la justice.

« Soumis lui-même aux lois, il abattra tout ce qui voudrait s'élever au-dessus d'elles; ce n'est pas en vain qu'il portera le glaive. Il se peut qu'il ait à essuyer bien des traverses…..

« L'impiété se taira devant lui, non qu'il interroge les consciences, qui n'appartiennent qu'à Dieu, mais il interrogera les œuvres qui appartiennent à la loi; il fera respecter tout ce que doit respecter tout honnête homme… Ceux que l'impie et le factieux voulaient rejeter seront encore la pierre angulaire de l'édifice…

« Je ne suis pas destiné à voir les prospérités et la gloire de son règne; je n'en verrai pas même l'aurore, mais je puis du moins saluer de loin ce nouveau Saint-Louis. »

Voilà des paroles d'or, vibrantes de l'esprit prophétique! Et dire que nous sommes à la veille d'en voir toute la réalisation!

Cependant des personnes, qui se basent sur certains textes prophétiques plus ou moins faux, croient à l'existence du fils de Louis XVI et à son avènement sur le trône de France avant son petit-neveu.

Nous ne partageons pas ce sentiment, attendu que si le Dauphin existait réellement, le comte de Chambord le saurait et aurait à cœur de reconnaître hautement et publiquement les droits de son grand-oncle. Il ne s'affirmerait donc pas comme étant, lui, comte de Chambord, le seul roi légitime. D'ailleurs, si le Fils du roi-martyr était encore de ce monde, il ne manquerait pas de faire parler de lui à cette heure solennelle, malgré ses 86 ans.

Nous croyons fermement, — depuis peu, — que le duc de Normandie fut sauvé de sa prison du Temple et qu'il vivait encore en 1851. Nous en avons, sous les yeux, cent preuves pour une dans un curieux volume in-12 de 270 pages compactes, imprimé à Paris en 1851, sous ce titre : *La Restauration convaincue d'hy 4. 3 + 9. 6. 66. e, de m 3. 16312 e et d'u 67. 9. 4. 92. 6. 3. n, de c 35. 4. 1. 6. + 6. 2. é avec les souverains de la Sainte-Alliance, ou preuves de l'existence du Fils de Louis XVI réunies et discutées.* par J. Suvigny, avocat.

D'un autre côté, nous savons que madame la comtesse d'Apchier dont le mari fut page de Louis XVI, prétend que le Dauphin est mort chez elle à Gleyzé, près Villefranche (Rhône), en 1853. Mais nous savons encore que M. le baron de Vauxonne, alors maire de Gleyzé, a refusé à la charitable comtesse, malgré les instances de celle-ci, de porter sur l'acte de décès du soi-disant Dauphin de France, les noms de Louis-Charles de Bourbon, etc., attendu qu'aucun papier de ce personnage ne pouvait y autoriser.

En tous cas, si l'infortuné Fils de Louis XVI n'est pas mort, on doit supposer qu'il tient à s'ensevelir dans un perpétuel silence, et qu'il cède tacitement tous ses droits à Henri V, le sauveur de la France et de l'Europe.

❦

11º **Prophétie Ambrosienne.** — Une chronique manuscrite du xvie siècle, attribuée à un moine de Padoue et conservée à la Bibliothèque Ambrosienne de Milan, contient une curieuse prophétie relative à Henri IV et à l'un de ses successeurs qui portera le même nom, c'est-à-dire Henri V. — Nous nous bornons à citer le passage suivant annonçant l'instauration magnifique du futur Grand Monarque, notre sauveur en même temps que grand justicier de Dieu :

« ...L'aultre, du mesme nom de Henricus, grand
« aïeul à lui, moult remembrera, après que dix
« fois dix fois deux ans et plus, voyra Gallie et
« populus d'icelle conclutinés ès mains aux magnes
« ebaïssemens de joyes aux Asiatiques et Euro-
« peans. »

Voici comment ce texte peut être traduit et paraphrasé :

Après que deux cents ans et plus se seront écoulés depuis la mort de Henri IV, arrivée en 1610, un autre Bourbon, du même nom de Henri, surgira et rappelera le souvenir de son grand aïeul. Il verra, par la force providentielle des événements, la France et le peuple français (y compris l'Alsace et la Lorraine annexées à l'Allemagne en 1871 et *remembrées* à la France vers 1875,) rassemblés sous sa main *pastorale* au grand étonnement et à l'immense joie des nations européennes et asiatiques, voire même de la Prusse, car celle-ci rentrera alors dans le giron de l'Église Catholique, et saura maudire l'orgueil et répudier les ambitions des Bismark et des Guillaume, à jamais confondus. C'est à cette époque que se rapporte la prédiction faisant l'objet du paragraphe suivant.

12° Prophétie de sainte Brigitte. — « Le Lis » (*Henri V*) « allié au grand Aigle » (*la Russie convertie*) « s'élancera de l'Occident à l'Orient contre
« le lion » (*figurant la secte mahométane*), « et le lion
« sans défense » (*sans force, comme le dit la Prophétie turque du* Suppl. A L'Avenir dévoilé), « sera
« vaincu par le Lis, qui répandra son parfum sur
« l'Allemagne » (*par suite du couronnement de Henri V
à Aix-la-Chapelle*), « pendant que l'Aigle, dans son

« essor, emportera au loin son renom » (*de nation* *catholique dévouée à l'Église Romaine*). « Ainsi le
« Lis recouvrera les choses perdues » (*notamment* *l'Alsace et la Lorraine*) ; « son parfum absorbera
« tous les poisons » (*c'est-à-dire que par son influence* *chrétienne, Henri V dissipera toutes les doctrines anti-* *catholiques*), et sa tige » (*sa souveraineté*) « sera
« plus forte que le cèdre » (*du Liban*).

13° Prophétie sur le Monarque fleur-delisé. — Cette pièce est tirée de la prophétie recueillie par le docte silésien David Pareus, et publiée dans son Commentaire sur l'Apocalypse, paru à Heidelberg en 1618. Déjà elle avait été insérée dans le *Mirabilis Liber* de 1524, presque textuellement, comme provenant d'un livre fort ancien, écrit sur peau de chèvre, et qui fut à l'usage de l'Ange de l'école, Saint Thomas d'Aquin, mort en 1274.

« Il surgira un roi de la nation du très-illustre
« Lis » (*Henri V*) ; « il aura le front large, des
« sourcils élevés, des yeux grands et le nez aquilin.
« Il rassemblera une grande armée et anéantira
« tous les tyrans et les ennemis de son royaume.
« Car, comme l'époux est uni à l'épouse, de même
« la justice lui sera associée. Continuant la guerre,

« il subjuguera les insulaires » (*les Anglais*), « les
« Espagnols et les Italiens. Il frappera les ecclé-
« siastiques qui auront usurpé le Siége de Pierre; »
(*lors du schisme provoqué par l'antipape dont il est
parlé plus loin*) « et, la même année, il sera cou-
« ronné d'une double couronne » (*à Reims et à Aix-
la-Chapelle*). « Puis, traversant la mer avec une
« grande armée, ce puissant Monarque soumettra
« les Turcs et les barbares. Nul ne pourra lui résister,
« parce que le bras du Seigneur sera toujours avec
« lui. Alors sa domination s'étendra sur toute la
« terre et il sera appelé le repos des saints chré-
« tiens.... »

Comptons donc sur la résurrection de la France
chrétienne, elle qui est, — selon la belle expression de Shakespeare, — « le soldat de Dieu, ce
guerrier, par excellence, qui ne tire l'épée que
pour la défense du droit et de la justice. »

**14° Prophétie Carthusienne dite de Pré-
mol.** — Le premier de tous, nous avons interprété
et publié cette prophétie dans un livre, en relatant
les preuves de son authenticité (1).

(1) Voir notre premier volume de l'*Avenir dévoilé*, paru au
mois d'août 1870. — L'édition ayant été épuisée en quelques
semaines et les événements n'ayant pas permis sa réimpression,

Ici, nous allons rapporter le fragment final et si consolant, où le voyant s'écrie :

« Et je vis venir de l'Orient » (*du côté où nous arrive la lumière*) « un jeune homme d'une beauté « remarquable » (*Henri V : sa beauté morale.*) « monté « sur un Lion » (*symbole de la force et de la souveraineté, l'armée française*), « et il tenait une épée « flamboyante à sa main » (*en signe de triomphateur*), « et le coq » (*le vrai et honnête peuple français,*) « chantait devant lui ; et le Lion mit le pied sur la « tête du Dragon » (*la Révolution : Républicains, Orléanistes, Bonapartistes et démagogues*), « et sur « son passage tous les peuples s'inclinaient, car « l'Esprit de Dieu était en lui. Et il vint aussi sur « les ruines de Sion » (*Rome*), et il mit sa main dans « la main du Pontife » (LUMEN IN COELO, — *en signe d'étroite et sainte alliance*) « et ils appelèrent les « peuples qui accoururent. Et ils leur dirent : « Vous ne serez heureux et forts qu'unis dans une « même foi et un même amour. Et une voix » (*celle de Dieu par la bouche de ses ministres et des gens de bien*

---

une nouvelle édition, notablement améliorée et augmentée, paraîtra si les souscriptions préalables s'élèvent au moins au chiffre de trois cents exemplaires. La feuille de 16 pages in-8° compactes est fixée au prix de 30 centimes. Il y aurait environ une vingtaine de feuilles de chacune 16 pages. Au mois de mars 1872, il n'y avait encore que 53 souscriptions, ce qui fait présager que probablement l'ouvrage ne paraîtra pas.

unanimes dans leur langage) « sortit du Ciel » (*de l'Église catholique*), « au milieu des éclairs et des « tonnerres » (*figurant les triomphes du Grand Monarque Henri V, les réjouissances publiques et les fêtes religieuses*), « et dit : Voici ceux que j'ai choisis « pour mettre LA PAIX ENTRE L'ARCHANGE ET LE DRA- « GON » (*les bons et les méchants : la Monarchie traditionnelle fleurdelisée et la Révolution*) « et ils doivent « renouveler la face de la terre; ils sont mon Verbe « et mon bras, c'est mon Esprit qui les guide. Et je « vis des choses merveilleuses! et j'entendis les « cantiques s'élever de la terre vers les cieux » (*en action de grâce du double retour de la paix et de la religion glorifiée*)!

Voilà une faible esquisse des grands et merveilleux triomphes réservés à la sainte Église de Jésus-Christ et à la France régénérée par les châtiments! A la France redevenue la Reine des nations, la Nation très-chrétienne, la digne Fille aînée de l'Église!!! C'est là la solution splendide de la crise lamentable que nous traversons aujourd'hui, n'en déplaise à Messieurs les Républicains, Bonapartistes et Démagogues!

« Ces beaux jours annoncés nous les verrons, écrivait naguère un docte romain, vigoureux champion de la vérité. Après tant de turpitudes couronnées, d'iniquités applaudies, de trahisons et de débauches glorifiées, la conscience humaine réclame une compensation et elle l'aura en contemplant à Rome le plus grand des Papes, à Paris le plus grand des Rois, posant tous les deux leur pied vainqueur sur le cadavre de la Révolution. »

Gloire à Dieu !
Vive l'Église Romaine !
Vive le Pape Infaillible !
Vive la France Catholique !
Vive Henri V, le Grand Monarque, l'héritier des siècles !!!

XIII

Dans l'attente de ces heureux jours, que les âmes d'élite implorent plus que jamais les secours du Ciel sur l'Église, sur la France, sur la société tout entière.

« Je crois, répéterons-nous après Donoso Cortés, que ceux qui prient font plus pour la société que ceux qui combattent, et que si celle-ci va de mal en pis, c'est qu'il y a plus d'efforts humains et plus de batailles que de prières. Si nous pouvions pénétrer dans les secrets de Dieu et de l'Histoire, je suis sûr que nous serions saisis d'admiration devant les prodigieux effets de la prière, même dans les choses humaines. »

Le langage foncièrement chrétien de cet éminent diplomate paraît avoir été compris par la plupart des membres de l'Assemblée Nationale, le jour à jamais mémorable où celle-ci décréta, à la presque unanimité, que des prières publiques seraient faites pour demander à Dieu la cessation des malheurs de la France.

Malgré l'accomplissement solennel de ce vote, malgré toutes les supplications et les pénitences des saintes âmes, malgré surtout les châtiments expiatoires qui nous écrasent depuis un an, la justice de Dieu n'est pas encore satisfaite.

D'un autre côté, les ennemis de l'Église et de tout ordre social sont toujours innombrables et méditent dans leurs antres ténébreux, de nouveaux forfaits Ils avouent, par les organes de la presse, qu'ils attisent le foyer de haine et de vengeance qu'ils ont allumé contre la religion, l'autorité, les riches et la bourgeoisie, au profit du prolétariat européen. Là-dessus personne ne doit se faire illusion.

Aussi invitons-nous le lecteur à pénétrer son esprit des paroles suivantes que Notre-Seigneur adressait lui-même, il y a quinze ans, à une âme privilégiée :

« Si ma colère n'a pas éclaté au jour où elle devait éclater, c'est que la prière des âmes justes, les prières faites par suite de l'annonce prochaine des calamités, ont obtenu un sursis; elles n'ont pas été assez générales pour en obtenir une pleine miséricorde. Les pécheurs ne sont pas revenus à moi comme l'exigeait ma justice pour laisser ma miséricorde éclater sans châtiment. Mais les prières qui ont été faites ont permis à ma justice d'accorder une trêve, de réprimer ma colère, de la refouler pour un temps, afin que la miséricorde règne encore en maîtresse pendant un temps, et que ceux qui voudraient venir à moi le puissent encore. — Si les hommes savaient reconnaître les moyens de ma bonté et de mon amour, s'ils savaient profiter de mes avertissements pour me rendre grâce de les avoir fait échapper aux dangers, me conjurer de continuer à les éloigner d'eux ! mais non, telles ne sont pas leurs pensées : les uns béniront le hasard heureux qui a fait découvrir le complot des méchants, d'autres loueront l'habileté du Gouvernement qui a su déjouer leurs projets : peu, bien peu, penseront à porter leurs yeux plus haut ; presque tous en profiteront pour s'endormir dans une vaine et trompeuse sécurité ; quelques-uns pour se moquer de mes avertissements et de mes menaces...

« N'oubliez pas que les hommes sont solidaires à un certain point les uns pour les autres, non que les crimes des uns puissent être imputés aux autres en ce qui regarde le salut, mais ces crimes leur sont imputés jusqu'à un certain point en ce qui regarde la réparation. Il y a une dose de réparation qui doit être acquittée par des âmes justes, par des victimes innocentes, par des âmes en état de grâce avec moi. Lorsque les crimes augmentent sans cesse, lorsque ceux qui restent à moi ou qui y reviennent ne font pas une réparation volontaire suffisante pour leurs fautes, et que, d'un autre côté, il ne se trouve pas un assez grand nombre d'âmes qui se dévouent à l'expiation, alors il arrive certaines époques où, après avoir prévenu, averti, je frappe. — Je frappe les pécheurs pour en faire un exemple; je frappe ceux qu'on peut appeler, jusqu'à un certain point, justes (bien qu'ils n'en méritent pas le nom à mes yeux), pour leur faire expier ces fautes qu'ils n'ont pas assez réparées, pour les obliger à compenser l'expiation qu'ils n'ont pas voulu faire de plein gré. Je frappe aussi des victimes justes et agréables à mes yeux, qui ont déjà satisfait pour elles-mêmes et même réparé pour les autres, afin qu'elles comblent la mesure de réparation nécessaire pour que je puisse de nouveau répandre mes faveurs et mes grâces.

« Telles sont les trois classes de personnes qui vont être frappées; que chacun donc s'efforce de se purifier, de réparer, afin de pouvoir atténuer les maux, et, si l'on est choisi comme victime d'agréable odeur à mes yeux, d'être une victime sainte.

« Vous, mes fidèles amis, écoutez ces derniers avis, répandez ces communications afin de diminuer le châtiment, de le retarder encore. Ceux qui prieront et écouteront ces avis seront protégés. »

XIV

Recourons en particulier à la protection de saint Remi, le grand Apôtre des Franks. Allons, s'il est possible, nous prosterner humblement devant son tombeau conservé dans sa belle église de Reims. — Avec tous les pieux pèlerins, adressons-lui cette salutation composée en son honneur :

Nous vous saluons, Remi, glorieux Prélat, astre céleste qui ornez maintenant les cieux, gouvernez-nous en visitant la terre, afin que nous goûtions la joie de vous honorer comme notre Patron.

Remi, Confesseur illustre de Jésus-Christ, que vous êtes digne de nos respects, vous qui avez méprisé les choses de la terre, et qui êtes entré triomphant dans le Ciel ! A présent, glorieux de tant de victoires, vous brillez par la puissance que vous avez reçue du Ciel ; c'est pourquoi nous vous prions très-humblement d'intercéder pour nous auprès du Seigneur.

O Remi, Pontife de Jésus-Christ, très-glorieux Patron des Français, recommandable par la puissance des miracles, écoutez nos voix, qui crient devant vous. Secourez-nous par vos prières, dans les calamités qui nous accablent, et obtenez-nous la grâce d'entrer un jour dans la Patrie céleste, pour chanter avec vous l'éternel Alleluia.

Prions.

O Dieu, que les péchés offensent et que la pénitence apaise, écoutez favorablement les prières de votre peuple prosterné devant vous et détournez de nos têtes les fléaux de votre colère, que nous avons mérités par nos offenses.

O Dieu souverainement bon, qui ne voulez point la mort du pécheur, mais plutôt qu'il se convertisse et qu'il vive; qui, par le ministère de votre très-saint Confesseur et Pontife Remi, avez découvert à nos pères qui étaient dans l'égarement, la lumière de votre vérité, faites-nous, s'il vous plaît, la grâce, à nous, qui portons le titre de Chrétiens, de rejeter par son intercession tout ce qui est contraire à un nom si saint, et de remplir parfaitement le devoir de cette sainte profession.

Prions pour la France.

Dieu tout-puissant et éternel, qui avez établi l'empire des Franks pour être dans le monde l'instrument de votre divine volonté, le glaive et le boulevard de votre sainte Église, nous vous en prions, éclairez, toujours et partout, de la céleste lumière, les fils suppliants des Franks, afin qu'ils voient ce qu'ils doivent faire pour rétablir votre règne dans le monde, et qu'ils soient jusqu'à la fin fortifiés de charité, de force et de courage pour accomplir ce qu'ils auront vu.

Prions pour notre Pontife Pie IX.

Que le Seigneur le conserve et le vivifie; qu'il le rende heureux sur la terre et ne l'abandonne point à la violence de ses ennemis.

Dieu tout-puissant et éternel, ayez pitié de votre serviteur Pie IX, notre Pontife, et conduisez-le par votre bonté dans la voie du salut éternel, afin que, par votre grâce, il désire ce qui vous est agréable, et l'accomplisse de toutes ses forces.

Prions pour l'Église.

O Dieu très-miséricordieux, protégez votre Église qui a été achetée au prix du sang de votre Fils; pacifiez-la, conduisez-la, donnez-lui des Pasteurs et des Ministres qui soient selon votre cœur et remplis de lumière et de zèle; comblez-les de vos dons. Daignez aussi, Seigneur, vous laisser fléchir par les prières de cette même Église et de son auguste Chef, votre Vicaire, afin que, toutes les adversités et les erreurs ayant disparu, nous puissions vous servir dans une paisible liberté, et qu'il n'y ait plus qu'un seul troupeau et qu'un seul Pasteur. Par Notre-Seigneur Jésus-Christ… Ainsi soit-il.

Adressons-nous aussi avec une confiance sans borne à la Reine des Cieux, la toute-puissante suppliante, « car, comme le disait Notre-Seigneur à la bergère de Mimbaste, Marie a un droit spécial sur la France, qui lui est consacrée (*par le vœu du roi Louis XIII*), et par ce droit, elle arrête le bras courroucé de Dieu, et répand sur ce pays, qui lui est voué, les bénédictions du Ciel. »

REGNUM GALLIÆ, REGNUM MARIÆ,
NUMQUAM PERIBIT.

Le Royaume de France est le Royaume de Marie ;
jamais il ne périra.

XV

> « Puisque nous n'avons rien, ou presque rien à attendre des hommes, plaçons toujours davantage notre espérance en Dieu, dont le cœur se prépare, me semble-t-il, à accomplir, au moment qu'il a choisi, un grand prodige qui remplira le monde d'étonnement. »
>
> (PAROLES DE PIE IX ; juin 1871.)

Supplions sans cesse la miséricorde du Seigneur. Commandons au cœur de Dieu avec les armes si puissantes de la foi et de la prière ardentes ; redoublons nos bonnes œuvres, et nous obtiendrons un allégement dans les rudes épreuves dont le monde est encore menacé. Ayons confiance : la fin de nos malheurs approche ! les gémissements de nos âmes hâteront le retour de la paix universelle, de cette paix chrétienne tant désirée ! Nous verrons enfin la restauration glorieuse du trône quatorze fois séculaire de l'illustre Maison de France, et par elle, la résurrection de notre grandeur nationale, et avec elle, le miraculeux triomphe de notre Mère, la sainte Église Romaine, restauration et triomphe qui produiront dans tous les États une quintuple rénovation : intellectuelle, morale, politique, sociale et religieuse. Alors nous redeviendrons les dignes fils de Khlovigh, de Charlemagne et de saint Louis ; nous pourrons relever noblement la tête vers la Patrie céleste, en répétant du fond de nos cœurs convertis le cri sublime de nos aïeux :

Vive le Christ qui aime les Franks !

Qu'Il garde le Royaume ! qu'Il protége leur armée !

VIVAT CHRISTUS, AMAT FRANCOS !

Veille de la Toussaint, 31 octobre 1871.

APPENDICE PROPHÉTIQUE RELATIF A L'AVENIR

> « Les temps prédits sont proches. Dieu a de nouveau prévenu Noé. Il va falloir être avec les hommes dans le déluge, ou avec l'Homme dans l'arche. »
> Alex. Dumas fils, 1869.
>
> « Dieu nous manifeste les secrets de l'avenir par ses saints, surtout avant l'heure des grandes épreuves et des châtiments. »
> L'abbé Lixossix, *Esp. de l'Église et de la France*, p. 159.

Une lettre Sacerdotale.

Un saint prêtre dévoré du zèle de la gloire de Dieu et du salut des âmes, nous adressait, le 20 novembre 1871, les lignes suivantes qui seront utilement placées en tête de cet *Appendice*:

Bien cher Monsieur,

. . . .

« Avertissez le monde; dites aux hommes de se tenir prêts, d'être à toute heure en bon état de conscience, de bien prier pour obtenir d'être fidèle si le schisme éclate, si la persécution sévit. Car c'est l'heure où il faut une grâce plus qu'ordinaire pour se maintenir et ne pas tomber. Les démons sont déchaînés déjà en grand nombre, et parcourent la terre en soufflant la rage, en attisant les passions. Une dévotion spéciale au Cœur de

Jésus, à l'Immaculée Conception de la sainte Vierge qui a écrasé la tête du serpent infernal, au très-glorieux saint Joseph, aux saints Anges, une vie de recueillement et de prière, l'esprit de pénitence et de gémissement, voilà un puissant moyen, le seul efficace, pour obtenir la préservation des périls si grands que les âmes vont courir.

« Pour les âmes plus parfaites, pour celles qui vivent dans le cloître, pour les prêtres surtout, ils doivent en tout temps se tenir devant Dieu en état de victime et d'immolation pour le salut des peuples qui leur sont confiés, et dont ils portent la charge redoutable.

« Je crois que, s'il est encore temps pour l'impression typographique, vous feriez bien de reproduire quelques réflexions semblables après la prophétie d'Anna-Maria que je vous ai envoyée précédemment. Vous pourriez y ajouter celles suivantes. Elles sont à l'adresse des prêtres et aussi à l'adresse des laïques, lesquels, en les lisant, auront une idée de la haute et admirable mission des prêtres chargés du salut des âmes ; et par là, ils apprendront à ne pas perdre le profond respect et l'amour qu'ils leur doivent, quand même leur vie ne serait pas toujours sainte et irréprochable en tout point. C'est le vénérable M. Olier que je vous cite.

« Le prêtre, dit-il, fait ce qu'il veut de Jésus-Christ et de tous les saints, leur faisant demander à Dieu ce qu'il désire. Le prêtre est cette grande âme qui embrasse tout et qui contient tout dans son sein ; il est lui seul, pour ainsi dire, comme toute l'Église ; et il faut qu'il se regarde non plus comme simple particulier, mais comme étant devenu un homme universel chargé des devoirs de tous. C'est ce qui doit le faire trembler dans la vue de ses redoutables et prodigieuses obligations.

« Les prêtres doivent être, avec Jésus-Christ, des HOSTIES pour les péchés du peuple, portant sur eux, avec lui, toutes les iniquités du monde, en même temps qu'ils doivent aussi en porter la peine. C'est pourquoi ils doivent souffrir pour les peuples, faire pénitence pour leurs péchés et pleurer pour leur obtenir miséricorde... Ils doivent sans cesse s'anéantir devant Dieu, pliant sous un fardeau si pesant, comme sous le poids du monde entier. C'est faire les fonctions d'Atlas, si je l'ose dire, que d'être prêtre ; car c'est porter le monde sur ses épaules... C'est être en même temps présent à tout le monde ; c'est prier pour tous les besoins ; c'est entrer dans les nécessités de tout le monde... Intérieurement, le prêtre doit être tout divin, quoiqu'au dehors il ne porte rien que de commun.... Dieu étant invisible à nos yeux de chair, le peuple a besoin, pour le connaître et l'aimer, de quelque chose de sensible, et c'est à quoi servent la personne et la vie des prêtres. Les hommes doivent retrouver en eux les perfections adorables de Dieu, sa bonté, sa patience, sa douceur, sa charité, sa sainteté, sa pureté, sa sagesse, sa force, etc. Ils doivent être des hommes intérieurs, se regardant comme étant au service des âmes et de l'Église, contemplant et adorant Dieu continuellement au nom de tous les peuples et lui rendant en leur place les louanges que tous les peuples assemblés lui rendraient s'ils le pouvaient… Un prêtre est donc comme un Dieu dans l'Église… Il faut qu'en le voyant on croie voir un ange… Le prêtre est le principe de tout le bien qui s'opère dans l'Église, et, sans lui, il n'y aurait aucune grâce communiquée aux hommes. O prodige de grandeur inconcevable! O sublimité incomparable du prêtre! O dignité mille fois plus élevée que celle des Anges et des plus hauts Séraphins à qui Dieu n'a point accordé ce privilége ni cette grâce! » (OLIER, *Traité des saints Ordres*, passim.)

« Après cet admirable exposé des grandeurs de l'état sacerdotal, de la mission du prêtre dans la société humaine, de sa responsabilité redoutable, vous pourriez, si vous le trouvez bon, citer les docteurs qui enseignent que quand les peuples ont prévariqué comme corps de nation, la faute première en revient au corps sacerdotal; Dieu lui en demande compte alors, et ce sont les prêtres qui subissent les châtiments et qui les ont mérités les premiers. »

Nous avons insisté sur ce point, page 37 ci-dessus. Toutefois voici trois autres textes dignes d'être médités à cette heure : « Quand vous voyez le monde frappé par des châtiments, dit saint Grégoire, à quelle cause faut-il l'attribuer, sinon aux péchés 53. 61. 9. 3. 2. 9. 3. 6 ? » Et saint Jean Chrysostome ajoute : « Quand vous verrez des déréglements et l'impiété dans un peuple, ne doutez nullement qu'il n'y en ait aussi dans les chefs du peuple : 1. 3. 61. 9. 3. 2. 9. 3. 6. » Le saint curé d'Ars disait : « Il ne faut pas croire qu'un prêtre ait tout fait pour la conversion de son peuple, si, après avoir exhorté, instruit, il ne prie, s'il ne gémit sans cesse, s'il ne jeûne, s'il ne veille, s'il ne s'impose fréquemment pour lui des mortifications et des pénitences. »

VISIONS D'ÉLISABETH MORA (1).

Notice Biographique.

Élisabeth Canori est née à Rome, le 21 novembre 1774, de parents illustres. Mariée à Christophe

---

(1) Tirées de son procès de béatification et de sa Vie, publiée en italien, avec l'approbation de Mgr Villanova-Castellani, archevêque de Petra. Cette Vie a été traduite en français et éditée à Paris, en 1860, chez Sarlit. Elle forme un vol. in-12. Prix : 1 fr. 50 c.

Mora, avocat à la Cour romaine, elle en eut plusieurs enfants. Malgré les peines qu'elle éprouva de ceux-ci, mais surtout de son mari, elle marcha par la grâce du Seigneur, dans la voie des plus hautes vertus, et arriva au degré le plus élevé dans la vie contemplative, c'est-à-dire jusqu'à l'union mystique. Elle entra, en 1820, dans le Tiers-Ordre séculier des Trinitaires-Déchaussés, et, le 5 février 1825, elle mourut dans la Ville-Éternelle, en grande réputation de sainteté, à l'âge de cinquante ans. Alors Christophe Mora se convertit, comme l'avait prédit sa sainte femme. Il entra dans les ordres sacrés, fut ordonné prêtre, et mourut Mineur-Conventuel.

Le procès de la béatification d'Élisabeth, introduit devant la Cour de Rome, rapporte qu'elle opéra beaucoup de guérisons miraculeuses, et qu'elle délivra le comte Jean-Marie de Mastaï-Ferretti, aujourd'hui Pie IX, des attaques d'épilepsie qui s'opposaient à son admission dans l'état ecclésiastique. C'est donc à tort que des écrivains attribuent cette guérison à la bénédiction du Pape Pie VII.

Dieu avait choisi Élisabeth comme une victime de propitiation pour son Église, capable d'arrêter les vengeances divines que provoquent les iniquités des hommes. Voici un trait caractéristique de cette puissance d'expiation et d'intercession qu'il est important, à cette heure, de faire ressortir :

Le 24 janvier 1819, cette vénérable servante de Dieu fut avertie, dans son oraison, de se tenir prête au combat qu'elle allait soutenir pour l'Église, pour le Pape et pour les pécheurs. Alors Dieu permit que les démons se déchaînassent en grand nombre contre Élisabeth et qu'ils la déchirassent de mille horribles manières. Tant de tourments l'avaient rendue aveugle ; elle ne pouvait ouvrir la bouche, son palais était en lambeaux. Ses joues étaient brûlées, sa tête presque détachée du tronc et tout son corps pénétré, pour ainsi dire, du feu de l'enfer. Les angoisses de son âme étaient inexprimables. L'état de cette sainte femme était une sorte d'agonie. Toutefois le Seigneur ne cessait de la consoler intérieurement ; il lui faisait porter chaque jour par un ange la sainte Eucharistie, et soudain Notre-Seigneur se présentait devant les yeux d'Élisabeth sous la figure de la divine Hostie. Par ce moyen, elle était de plus en plus encouragée à s'offrir généreusement en holocauste pour suspendre les effets de la justice de Dieu.

Élisabeth avait un inénarrable besoin d'être ainsi réconfortée. Sans ce secours céleste elle serait morte sous les coups des esprits infernaux, car, dans leur fureur, ils allèrent jusqu'à la clouer sur une croix et lui percer le cœur avec une lance ; ce qui la fit tomber dans un évanouissement qui paraissait mortel. Pendant cette agonie, Notre-Seigneur apparut rayonnant de lumière devant sa généreuse épouse ; il la détacha lui-même de la croix et la guérit instantanément de toutes ses plaies. Il lui donna même un avant-goût de la vision béatifique. La sainte Vierge la visita également, puis saint Pierre, saint Paul et d'autres saints. Elle était comme noyée dans un océan de délices célestes. Alors Jésus lui dit entre autres choses : « Ton sacrifice a fait violence à ma justice irritée ; JE SUSPENDS le châtiment et laisse agir ma miséricorde. Les chrétiens ne seront pas dispersés, ni Rome privée de ses Pontifes. Je réformerai mon peuple et mon Église. J'enverrai des prêtres zélés et mon esprit renouvellera la face de la terre. Je rendrai la ferveur aux Ordres religieux et je donnerai à mon Église un nouveau Pasteur rempli de mon esprit ; par son zèle il sanctifiera mon troupeau. »

Ce trait parle haut ; il nous enseigne donc que les âmes saintes, les âmes-hosties peuvent fléchir la colère de Dieu et détourner les calamités que méritent nos innombrables prévarications, ainsi qu'il est confirmé par ces paroles de Notre-Seigneur à Marie Lataste : « Ma fille, il est quelquefois assez d'une âme qui se présente devant Dieu dans la crainte et le tremblement, et qui lui adresse ses supplications, pour arrêter son bras vengeur déjà levé contre une nation tout entière. » (V. notre 1er volume p. 67.)

Nous allons maintenant reproduire une vision symbolico-prophétique des plus menaçantes contre les méchants, en même temps que des plus consolantes pour les bons, puisqu'elle annonce le triomphe futur de l'Église après des châtiments effroyables.

Texte.

En l'année 1820, le jour de la fête de saint Pierre, comme je priais, dit Élisabeth, pour les nécessités de l'Église et la conversion des pécheurs, parmi lesquels j'occupe la première place, je fus ravie en esprit et placée tout près de Dieu. Par une lumière infinie, je fus si intimement unie à lui que je n'eus plus le sentiment de moi-même. La douce impression de l'amour de Dieu me remplit d'une joie et d'une satisfaction inexprimables. Cependant mon âme restait calme au milieu de ces divines tendresses, lorsqu'il me sembla voir le ciel s'ouvrir et en descendre le Prince des Apôtres, saint Pierre, environné d'une grande gloire et d'un grand nombre d'esprits célestes qui chantaient des cantiques. Le Bienheureux était revêtu de ses habits pontificaux. Il tenait en main le bâton pastoral et s'en servit pour tracer sur la terre une immense croix ; en même temps les anges chantaient ces paroles du psalmiste : *Constitues eos principes super omnem terram*, etc. Vous les établirez princes sur toute la terre (1).

(1) Le rédacteur des *Ann. de la Sainteté au XIXe siècle* explique ce passage en ces termes : « Cette croix mystérieuse, que l'apôtre saint Pierre fait sur la terre, est le signe des épreuves qui viendront sur tous les élus de Dieu. Les choses seront telles, que la tribulation fondra sur tous ceux qui aimeront le bien. Personne ne pourra échapper à l'effet de ce signe, et quiconque s'efforcera de vivre selon la foi et l'Évangile sera assuré de trouver l'épreuve sous ses pas.

« Combien ce signe se réalise dans les temps où nous vivons ! Il est facile de constater que ceux qui aiment Dieu et sont fidèles dans la foi sont soumis à l'épreuve dans la mesure exacte des desseins célestes envers eux. La tribulation n'épargne personne, ni le Souverain-Pontife, ni les rois, ni les évêques, ni les religieux ; il n'est fait aucune exception pour aucune classe, sexe ou condition.

« La croix est sur tous, plus ou moins, en rapport précis et dans la proportion des vues de Dieu, la grandeur des faveurs reçues du Ciel et la correspondance à la grâce. L'épreuve atteint de mille manières les enfants de Dieu dans notre époque, tantôt sous la forme de maladies, de souffrances variées et sans nombre, tantôt par des pertes de fortune et autres accidents divers qui nous font déchoir d'une situation acquise. Il y en a qui sont dans la tribulation par l'autorité qui leur fait sentir le poids de sa force, d'autres par des attaques de la part du prochain à l'égard de l'honneur et autres choses.

« Il semble qu'il est permis de dire qu'en ce moment la croix est sur toutes les âmes fidèles ; plus on regarde autour de soi et au loin, plus on constate que l'épreuve pèse sur toute chair parmi ceux qui servent Dieu. Mais, hâtons-nous de dire que c'est là une bénédiction ; ceux qui sont dans l'épreuve sont marqués par saint Pierre pour avoir une part spéciale à la protection divine, » comme l'annonce la suite du texte.

Après cela l'Apôtre toucha avec son bâton les quatre extrémités de la croix, et au même instant apparurent quatre beaux arbres chargés de fleurs et de fruits. Ces arbres mystérieux avaient la forme d'une croix; une lumière splendide les entourait (1). Alors je compris dans l'intime de mon âme que saint Pierre avait fait croître ces quatre arbres symboliques pour servir de lieu de refuge aux petits troupeaux des fidèles amis de Jésus-Christ et les préserver du châtiment épouvantable qui mettra la terre sens dessus dessous (2).

Tous les bons chrétiens seront donc abrités sous ces arbres, ainsi que les religieux et les religieuses qui auront fidèlement conservé dans leur cœur l'esprit de leur Ordre. Je dis la même chose à l'égard des bons ecclésiastiques séculiers et des

(1) Ces fleurs et ces fruits figurent les dons spirituels qui arrivent en abondance aux âmes qui ont soutenu avec patience et générosité les croix, les tribulations et les épreuves, car celles-ci sont des moyens de sanctification que Dieu ménage à ses créatures pour les épurer, les embellir, les combler de ses bénédictions et de ses faveurs. Nous devons donc avoir d'autant plus de confiance dans la protection d'En-Haut que nous aurons été chargés d'un grand nombre de croix et que nous les aurons acceptées chrétiennement.

(2) Il ne faut pas s'imaginer que ces arbres et ces lieux de refuge figurent des choses matérielles et des endroits particuliers où la protection de Dieu se manifestera de préférence. Ces symboles ont un sens spirituel qu'il est essentiel de bien saisir. Ainsi 1° les arbres mystérieux représentent les mérites de Jésus-Christ et par ceux-ci les bénédictions célestes accordées aux

autres personnes de toute classe qui auront gardé
la foi dans leur cœur ; ils seront tous sauvés (1).
Mais malheur aux religieux, malheur aux religieuses qui n'observent pas leur règle ! Trois fois
malheur à eux ! car ils seront tous frappés du
terrible châtiment. Je dis la même chose aux ecclé-

âmes qui auront voulu profiter des épreuves semées sur le chemin de la vie. Il importe peu de fuir, car le danger pourra se
trouver dans le lieu même où l'on cherchera un abri. Le point
capital est donc de s'efforcer à mériter le secours du Ciel en
résistant aux influences mortelles du monde et aux suggestions
de satan, en pratiquant les devoirs de la religion, chacun selon
sa vocation ; 2° le lieu de refuge c'est tout lieu de la terre, sans
exception, où l'esprit du Seigneur nous aura conduits, où la
volonté de Dieu nous aura appelés. Quant aux châtiments, ils
éclateront lorsque tout sera prêt pour le salut de ceux qui doivent en être préservés.

(1) Ainsi ceux qui ont souffert pour Dieu et pratiqué la vertu
seront préservés des châtiments ; car, dans le plan divin, ils
doivent être les instruments de la régénération sociale et du
triomphe universel de l'Église. — Le texte, en disant « ils seront tous sauvés, » ne doit pas être pris à la lettre, car il serait erroné de croire que, parmi les âmes saintes et les bons
chrétiens, il n'y aura aucune victime, attendu que Dieu se
réserve toujours des hosties d'agréable odeur quand sa justice
l'oblige à frapper l'humanité. Mais, comme la grâce divine se
plaît longtemps à l'avance à préparer des âmes héroïques rem-
plies de l'esprit d'immolation et s'efforçant de reproduire le
divin modèle, soyons assurés que ces âmes choisies par une
prédilection de Dieu, feront joyeusement et spontanément le
sacrifice de leur vie dans le but d'atténuer les châtiments, de
hâter l'exaltation de l'Église et d'obtenir la conversion des
hommes.

Méditons ces admirables paroles de Bossuet :

siastiques séculiers et aux gens du monde qui se livrent à la volupté et qui suivent les fausses maximes des idées modernes, qui sont opposées aux saintes maximes de l'Évangile. Ces malheureux qui nient la foi de Jésus-Christ par leur conduite scandaleuse, périront sous le poids du bras vengeur de la justice de Dieu ; aucun d'eux ne pourra s'y soustraire.

Je vis les bons chrétiens, qui avaient cherché un refuge sous ces arbres mystérieux, sous la forme de belles brebis confiées à la garde de saint Pierre, leur bon Pasteur, lui témoigner la plus humble et la plus respectueuse obéissance. Dès que le Prince des Apôtres eut mis le troupeau de Jésus-Christ en sûreté, il remonta au Ciel, accompagné de la troupe des anges. À peine étaient-ils disparus que le ciel se couvrit de nuages tellement denses et sombres qu'il était impossible de les regarder sans effroi. Soudain, il s'éleva un vent terrible et impétueux dont le sifflement ressemblait au rugissement d'un lion en fureur. L'écho de ce bruit épouvantable retentissait par toute la terre. L'effroi et la terreur se répandront

« Dans ces terribles châtiments, qui font sentir sa puissance à des nations entières, Dieu frappe souvent le juste avec le coupable. Les mêmes coups qui brisent la paille séparent le bon grain : l'or s'épare dans le même feu où la paille est consumée, sous les mêmes châtiments par lesquels les méchants ont exterminés, les fidèles se purifient. »

non-seulement parmi les hommes, mais aussi parmi les animaux (1).

Tous les hommes seront en révolution les uns contre les autres et s'entre-tueront sans pitié. Durant cette guerre sanglante, la main vengeresse de Dieu tombera sur ces malheureux ; et, par sa puissance, il punira leur orgueil et leur présomption. Il emploiera les puissances de l'enfer (2) pour exterminer ces impies et ces hérétiques qui voulaient

(1) Ce passage se rapporte évidemment 1° aux ténèbres ci-après annoncées par la vén. Taïgi ; 2° au fléau prédit par le P. Clauti (V. le *Supplément*) ; 3° au moyen imprévu que se réserve la Providence, selon le P. Coma (*ibid.*) ; 4° à l'orage extraordinaire dont parle Marianne de Blois ; 5° au moyen imprévu dont il est question plus loin dans la prophétie de sainte Catherine de Sienne ; 6° et à toutes les autres prédictions relatives au grand coup du Ciel qui amènera le triomphe miraculeux de l'Église.

Nous pouvons, plus que jamais, juger de la miséricordieuse sollicitude du Seigneur, ainsi que de la grandeur et de la proximité des maux qui nous menacent, par les annonces multipliées que le Ciel en fait faire. En voici une des dernières : la Vénérable Vénérini, qui est morte à Rome en odeur de sainteté, après y avoir fondé la congrégation connue sous le nom de *Scuole pie di Gesù*, apparut le 8 mai 1871, à l'une de ses filles spirituelles alors à l'agonie. Elle la guérit miraculeusement et lui dit : « Un peu plus de temps et le triomphe viendra ; mais il y aura un épouvantable châtiment. Priez, priez, priez, car la prière peut diminuer la punition. » Ce fait a eu un grand retentissement. Son authenticité est des mieux constatée.

(2) « Sainte Françoise de Rome dit qu'à l'époque des révolutions, Dieu permet, pour punir les péchés des hommes, que les démons, en grand nombre, sortent des enfers, et ce sont les plus méchants : ils se répandent alors partout, soufflant dans

renverser l'Église et la détruire jusque dans ses bases. Ces présomptueux croyaient, dans leur impiété, pouvoir renverser Dieu de son trône; mais le Seigneur méprisera leurs artifices, et, par un effet de sa main toute-puissante, il punira ces impies blasphémateurs en donnant aux puissances infernales la permission de sortir de l'enfer. D'innombrables légions de démons parcourront la terre et exécuteront les arrêts de la justice divine (1) par les grands désastres qu'ils occasionneront. Ils attaque-

les cœurs les dissensions, les haines, la guerre civile, c'est ce qui donnerait l'explication des fureurs, des projets sanguinaires, des excès de toutes sortes qui se produisent dans ces temps malheureux. » (*Apud* l'abbé Lagoisix, *Les Espérances de l'Église et de la France*, ou consolations pour les temps présents, 2ᵉ édit. 1871, Saint-Omer, Vᵉ Loyez.

(1) Ceci est d'accord avec les prophéties de la V. Taïgi, comme il est dit ci-après. — Les chefs et les agents de l'*Association Internationale des Travailleurs* sont en train de préparer les éléments de ces « innombrables légions » dans tous les États de l'Europe : cela est connu de tout le monde.

Mgr Mermillod en traitant aussi magistralement qu'épiscopalement son thème favori : « La question ouvrière » vient, du haut de la chaire de Sainte-Klotilde de Paris, de faire retentir ces paroles : « L'INTERNATIONALE, sachez le bien, est à la fois *une doctrine qui s'affirme, une armée qui s'avance, une Église qui s'organise*..... Et savez-vous quel est le langage de la nouvelle Église, des sociétés secrètes ? « Viens avec nous, disent-« elles à l'homme. Viens, nous t'apprendrons à haïr. Voici la « torche et le fusil. Nous t'enseignerons à brûler des palais et à « tuer des prêtres. » Et cette société, qui a aussi ses catacombes, cette société qui paraît indomptée et invincible, monte aujourd'hui à l'assaut de l'ordre social. »

ront tout et nuiront aux hommes, aux familles, aux propriétés, aux productions alimentaires, aux villes, aux villages; rien de ce qui se trouve sur la terre ne sera épargné.

Dieu permettra que ces impies soient frappés de mort par la cruauté des démons, parce qu'ils se seront librement adonnés aux puissances infernales et qu'ils auront fait un contrat avec elles contre l'Église catholique.

Dieu voulant pénétrer davantage mon esprit du sentiment de sa justice, me montra l'effroyable cachot : Je vis dans les profondeurs de la terre une sombre et affreuse caverne d'où sortait un nombre infini de démons, qui, sous la forme d'hommes et d'animaux venaient ravager le monde en laissant partout des ruines et des effusions de sang. Heureux les bons et vrais catholiques! Ils ressentiront la puissante protection des apôtres saint Pierre et saint Paul, qui veilleront sur eux, afin qu'il ne leur arrive aucun dommage, soit dans leurs personnes, soit dans leurs biens. Les mauvais esprits saccageront tous les lieux où Dieu aura été outragé, méprisé, et blasphémé. Les édifices de ces endroits seront détruits et renversés : il n'en restera plus que des ruines.

Après ce châtiment effroyable, je vis le Ciel s'ouvrir et saint Pierre descendre de nouveau sur la terre ; il était revêtu de ses ornements pontificaux et entouré d'un grand nombre d'anges qui chantaient des cantiques en son honneur, le reconnaissant ainsi pour souverain de la terre. Je vis aussi saint Paul descendre du ciel (1). Sur l'ordre de Dieu, il parcourut la terre en enchaînant les démons qu'il conduisit devant saint Pierre ; celui-ci leur ordonna de retourner dans l'enfer d'où ils étaient sortis.

Alors une grande clarté apparut sur la terre ; elle indiquait la réconciliation de Dieu avec les hommes. Les anges conduisirent devant le trône du prince des apôtres le petit troupeau resté fidèle à Jésus-Christ. Ces bons et zélés chrétiens lui témoignèrent le plus profond respect, louant Dieu et remerciant l'Apôtre de les avoir délivrés de la perte commune et d'avoir soutenu l'Église de Jésus-Christ en ne souffrant pas qu'elle fût entraînée par la fausse doctrine du monde. — Saint Pierre choisit alors le nouveau Pape (2). L'Église fut reconstituée, les Ordres religieux rétablis ; et les maisons particulières des chrétiens devinrent semblables à des couvents, tellement étaient grands leur ardeur et leur zèle pour la gloire de Dieu.

(1) Cette double apparition des saints Apôtres Pierre et Paul est confirmée ci-après par la Ven. Taïgi.

(2) Ce qui corrobore la prédiction de la vénérable Taïgi relative au successeur de Pie IX. Nous pouvons dire maintenant que la longue prophétie de cette sainte femme, sur le *Pontife-Saint*, concerne *Lumen in cœlo*. Voir p. 65-66 du *Supplément à l'Avenir dévoilé*.

Tel est le triomphe éclatant réservé à l'Église catholique. Elle sera louée, honorée et estimée de tous ; tous se livreront à elle, reconnaissant le Pape pour le Vicaire de Jésus-Christ.

Vision sur la prochaine crise générale.

La troisième édition des *Voix prophétiques* rapporte (p. (471) une vision en date du 13 février 1860, et concernant la grande crise qui précédera le grand triomphe. C'est le directeur spirituel de la personne inspirée qui a livré des copies de cet avertissement. On considère celui-ci comme céleste ; plusieurs points concordent avec diverses prophéties du présent opuscule. Nous détachons les lignes suivantes de la première copie publiée, mais en modifiant un peu la rédaction pour la rendre moins défectueuse :

Je vis éclater la révolution d'une manière terrible et des foules armées sortir tout à coup de toutes les rues de Paris et d'ailleurs. Je vis les chemins de fer interrompus par la volonté des brigands, et les personnes qui n'avaient pas pris de précautions à l'avance condamnées à rester chez elles, et beaucoup à y être égorgées.

Je vis une multitude de prêtres enchaînés les uns aux autres; en outre il me semblait voir un grand nombre de couvents pillés et brûlés, puis beaucoup de religieuses outragées. Il me semblait aussi que la plupart de celles-ci n'étaient pas des religieuses selon le cœur de Jésus, tandis que celles qui étaient bonnes religieuses, étaient en partie préservées de ce genre de supplice. Il y en avait pourtant de véritablement bonnes qui subissaient ce même tourment, afin d'expier pour d'autres n'ayant pas réparé ce péché par la pénitence (1).

(1) En regard de cet effrayant oracle, nous allons mettre un mot qui pourra consoler les religieuses et aussi les amis de Pie IX.

Sœur Léocadie Buquet, religieuse de la Providence de Rouen, rendait saintement son âme à Dieu, à l'âge de trente-cinq ans, le 5 mai 1871, à Oresmaux, près Amiens. Frappée par la variole, cette pieuse fille succomba après trois jours de maladie. Quelques heures avant son trépas, alors qu'elle répétait à son entourage : « Au revoir dans la Patrie ! » une personne grave et chrétienne, lui dit : « Ma sœur, vous prierez pour nous, pour la paroisse, pour la France, pour le Saint-Père ! »

« — Oh ! le Saint-Père ! fit-elle, en élevant la main bien haut.

« — Vivra-t-il encore longtemps ?

« — Il verra refleurir la religion...

« — Et la France sera-t-elle encore longtemps malheureuse ?

« — Pauvre France ! orgueilleuse ! elle ne veut pas revenir au bon Dieu : le bon Dieu la forcera...; ils s'endurcissent, les malheureux ! ils ne comprennent pas, les malheureux !!

« — Mais enfin le temps de la miséricorde viendra-t-il ?

Quel bouleversement !... Quel massacre !...

Je vis un grand nombre de personnes qui semblaient accepter la mort en expiation de leurs péchés, mais j'en vis aussi beaucoup qui paraissaient se désespérer à la vue de la mort. Au milieu de ce bouleversement, il me semblait entendre partout ce cri : Fais pénitence et répare pour tant de crimes ; répare pour toi et répare pour les autres ; le jour du jugement est proche...

« — Oui... mais... beaucoup mourront... beaucoup de mères. (La sœur portait la main à sa poitrine, en disant cela.)

« — Est-ce que les religieuses seront persécutées ?

« — Oh ! non !... Le bon Dieu aime les religieuses, — peut-être quelques-unes... ; mais beaucoup de mères se frapperont la poitrine... »

Ces réponses respirent quelque chose de prophétique. On est d'autant plus porté à le croire, qu'une demi-heure avant ce colloque, le visage de sœur Léocadie resplendissait d'une expression de bonheur ineffable, en même temps que ses mains étaient levées et ses yeux tournés vers le ciel, quand elle s'écria :

« — Que c'est beau !... que c'est gentil !... »

« — Vous voyez donc quelque chose ? lui dit l'une des personnes présentes.

« — Oui, je vois Notre-Seigneur... »

Ensuite elle ajouta avec un accent mêlé de surprise et de joie :

« — Une belle couronne ! »

« — Pour qui donc cette couronne ?

« — Je crois que c'est pour moi ! »

Nous avons extrait ces lignes d'une communication fort édifiante et très-authentique. L'avenir décidera si la mourante a prophétisé.

Je crus comprendre que la plus grande partie des victimes étaient des méchants, et que le bon Dieu avait soin des siens et les protégeait pour son Église. Je crois que Notre-Seigneur veut ménager la plus grande partie des bons pour le triomphe de l'Église ; il ne peut laisser emporter, par la fureur des méchants, ceux dont il a besoin pour le salut du monde.

Il me semblait voir au milieu de cette cohue un grand trône ; je vis des brigands renverser ce trône... (*Le Saint-Siège probablement, comme il est dit ci-après.*) Alors le tout était à son comble ; le monde entier me paraissait être une ruine et un désordre... Mais ce qui dominait toujours mon attention, c'étaient les prêtres. J'en vis un grand nombre qui se mettaient de la partie, quand ils se virent pris, espérant ainsi se préserver du danger ; mais leurs espérances furent confondues, et ils périrent misérablement.

Il y a un cri qu'on entend partout dans cet affreux désastre : Malheur aux prêtres infidèles à leur vocation ! Malheur aux faux serviteurs de Dieu ! Malheur à ceux qui n'accomplissent pas leurs devoirs !...

Il y en aura beaucoup que l'on croit bons et qui eux-mêmes se croient bons, qui reculeront au dernier moment, et qui verront ce dont ils sont capables ; la plupart se trouveront surpris et paraîtront étonnés d'eux-mêmes.

Il me semblait que cette grande crise ne durait pas longtemps et qu'après cela on respirait une autre atmosphère ; que la paix de Dieu que l'on goûterait après, serait une paix inconnue, parce que la paix chrétienne ne règne plus sur la terre.

Puisse cet avertissement porter des fruits de réparation, de conversion, et atténuer les jours d'épreuves que couronnera le triomphe splendide de la justice et de la vérité !

Une singulière lettre inédite.

Nous avons reçu de l'honorable M. du V..., juge à B..., copie d'un document inédit, remontant à la première moitié du XVIII⁰ siècle. Il fut trouvé aux pieds d'un crucifix dans l'église de Notre-Dame du Bon-Secours, à Nancy (Meurthe). Cependant nous n'avons fait aucune recherche sur son authenticité. Nous ne le publions donc que sous toutes réserves, et uniquement dans le but d'apprendre, par quelque personne bien informée, quelle peut être réellement la valeur de cette pièce. On dit que Mgr l'évêque de Liége, l'abbé du Grand-Saint-Hubert, et plusieurs autres personnages ont reconnu son origine céleste, et qu'elle fut envoyée par ledit évêque au pape Benoît XIV, qui l'aurait approuvée.

Ce document pourra choquer beaucoup d'esprits

forts. Bien qu'il porte la lumière sur la cause de nos malheurs actuels, l'on ne manquera pas de nous taxer de niais pour l'avoir imprimé. Soit ! car nous préférons rester simple d'esprit, et ne pas dénigrer une pièce de cette nature, tant que nous n'aurons pas acquis la certitude qu'elle est apocryphe.

Texte.

« Où la paix est, Dieu est.

« Hélas ! pères et mères pleins d'iniquités, dit le
« Seigneur, à toute heure vous demandez la paix,
« et c'est vous-mêmes qui me livrez sans cesse la
« guerre, en souffrant vos enfants jurer et blasphé-
« mer mon saint Nom. Je vous dis ces vérités par
« la bouche de Jésus-Christ, mon cher Fils. Si vous
« ne vous amendez et ne vous corrigez de vos
« péchés, je vous enverrai des signes prodigieux
« dans les astres et les éléments, avec de grands
« tremblements de terre pour marque de ma juste
« colère et terrible vengeance. J'enverrai guerre,
« peste, famine, mortalité et autres fléaux, et tous
« vos bestiaux périront. Vous serez réduits d'une
« manière telle que vous ne vous reconnaîtrez plus
« au jour du jugement » (c'est-à-dire au jour de la justice vengeresse, laquelle éclatera lors des ténèbres physiques annoncées par la Vénérable Taïgi, comme il est dit plus loin).

« Ce sont vos péchés qui attirent mes malédictions
« sur vous et sur vos enfants. Vos jurements contre
« mon saint Nom, vos impudicités, vos ivrogneries,
« vos blasphèmes contre vos enfants, les mauvais
« exemples que vous leur donnez, vos médisances
« et vos calomnies les uns contre les autres, et
« mille autres crimes.

« Bien au contraire, je ne vous demande que
« votre conversion ; faites la charité aux pauvres
« qui sont mes membres, et alors vos champs se-
« ront fertiles et remplis de mes grâces et bénédic-
« tions. Observez fidèlement mes commandements
« et ceux de la sainte Église. Priez sans cesse ma
« Très-Chère Mère qu'elle obtienne le pardon de
« tous vos péchés. — Je vous donne tous les jours
« des marques de mon amour, et vous êtes des
« enfants ingrats ! moi qui vous suis un Père si
« libéral !

« Ceux qui ne croient pas que cette lettre a été
« écrite de ma main et dite de ma bouche sacrée,
« je les accablerai de maladies et autres infirmités.
« Au contraire, s'ils observent ce qui est écrit, je
« leur accorderai le pardon de leurs péchés.

« Tous ceux qui garderont copie de cette lettre
« dans leur maison, dit le Seigneur, jamais les ma-
« lins esprits, feu, poudre, tonnerre, ni autres mal-
« heurs ne leur pourront nuire. Toute femme

« enceinte qui la lira ou la fera lire avec attention,
« accouchera heureusement.

« Vous jeûnerez cinq vendredis, et réciterez
« chacun de ces jours, cinq fois dix *Pater*, et cinq
« fois dix *Ave*, en l'honneur de ma Mort et de ma
« Passion que j'ai souffertes sur l'arbre de la Croix,
« pour vous délivrer de la mort éternelle. »

Prédictions inédites de la petite Marie.

Cette humble fille de Lyon fut favorisée de 1811 à 1832 de communications surnaturelles concernant les événements politiques. Beaucoup déjà se sont réalisées. Elle est morte en 1843, à l'âge de soixante-dix ans.

En 1809, son confesseur, M. l'abbé Talorel, qui la dirigeait depuis bien des années, lui dit avant de mourir : « Mon enfant, vous avez une maladie fort extraordinaire, les médecins n'y comprendront rien ; vous souffrirez beaucoup et jusqu'à la fin de votre vie ; cependant vous pourrez gagner votre pain ; mais viendra un temps où vous ne pourrez plus rien faire parce que vous deviendrez trop maladroite. Dieu ne vous abandonnera pas, il pourvoira à votre existence. Bientôt vous ferez des prophéties touchant la fin de la révolution. » A ces mots, la bonne fille se mit à rire comme un enfant, en disant :

« Que voulez-vous que je prophétise, moi qui ne sais ni lire, ni écrire, et puis la révolution est bien finie. » — « Non, mon enfant, elle ne l'est pas, répliqua le prêtre, et on la verra se terminer telle qu'elle a commencé. Ne vous enorgueillissez pas de la faveur qui vous sera accordée ; elle n'est pas pour vous ; vous ne serez que l'instrument de Dieu. Vous ferez part de vos révélations aux bons pour les consoler, aux faibles pour les fortifier ; mais il sera inutile d'en parler aux méchants : ils n'y croiraient pas et se moqueraient de vous. »

Les vaticinations de la petite Marie furent confiées au papier le 30 mars 1831, alors qu'elle était au service de madame la comtesse d'Apchier susnommée. Cette dame en remit l'original à M. H...., le 27 juillet 1850, à Lyon. A son tour, M. H... eut l'obligeance de nous en adresser une copie fidèle, transcrite de sa main et dont nous détachons les passages suivants :

En 1811, la petite Marie avait annoncé avec des détails très-précis, le retour des Bourbons. Cependant le bel enfant qui lui servait de guide, c'est-à-dire son ange gardien, lui dit : « Mais si la France ne se convertit pas, Dieu permettra que les Bourbons fassent des fautes, afin que la France soit punie, et elle le sera !... elle le sera ! elle le sera ! et vous reverrez les mêmes malheurs que pendant la révolution. Cette révolution finira comme l'autre a commencé : la république sera proclamée, tout reparaîtra et surtout le mensonge. »

La petite Marie annonça que Dieu ferait trois miracles en faveur de la Maison de Bourbon, mais que le troisième étonnerait l'univers. « Je fus conduite, dit-elle, dans la plaine de Saint-Fons ; j'y vis des uniformes étrangers. (Je n'ai point vu de ceux-ci dans la ville (*de Lyon*) en aucune circonstance.) Cette armée paraissait beaucoup plus nombreuse à nos soldats qu'elle ne l'était en effet. Ce qui fixait le plus mon attention, c'était le premier rang qui me parut si éclatant qu'il semblait être une armée céleste. C'est Notre-Seigneur comme homme qui frappa le premier coup, parce qu'il connaît les bons et les méchants. Je vis lancer le coup fatal qui fut terrible. Au moment où Dieu commença à exercer sa justice, j'entendis un coup de tonnerre si épouvantable que la terre en fut ébranlée. Ce sera le signal auquel les bons reconnaîtront que l'heure est arrivée pour le grand coup. J'entendis une voix terrible qui criait : « Tout est perdu ! »

« A cet instant, le bel enfant qui me conduisait, me fit remarquer qu'à la hauteur des maisons et au-dessus il y avait une bataille entre les démons. Je les vis effectivement sous formes d'oiseaux hideux et tout noirs ; ils jetaient des cris lugubres et épouvantables, ils battaient des ailes avec force et allaient frapper aux fenêtres de ceux qui n'ont cru à aucune prophétie et qui ont méprisé les avertissements.

« En même temps se livrait un grand combat ; le carnage fut horrible, le sang ruisselait dans la plaine, à la Guillotière, sur le pont ; dans la rue de la Barre le combat fut épouvantable et vint comme s'éteindre à l'entrée de la place Bellecour. Presque tous les méchants périrent. Peu après, j'entendis une voix douce et agréable qui disait : « Tout est sauvé ! »

« J'ai vu des hommes qui revenaient du grand combat ; ils disaient : « Comment avons-nous pu échapper à ce massacre ? » Les uns se touchaient la poitrine, d'autres le côté, et, trouvant avec étonnement des croix, des médailles, des reliques, ils s'écriaient : « Ah ! c'est ma femme, c'est ma fille, c'est ma sœur qui les ont placées dans nos habits, voilà ce qui nous a préservés !... » et ils se convertirent.

« Au moment où la France sera châtiée d'une manière terrible, tout l'univers le sera aussi. On ne m'a pas dit comment.

« Il m'a été annoncé qu'il y aurait un événement effrayant, que ceux qui n'en auraient pas été prévenus croiraient toucher à leur dernière heure et penseraient être à la fin du monde. Mais tout à coup la révolution finira par un grand miracle, qui sera l'étonnement de l'univers ; le peu de méchants qui restera se convertira. Les choses qui doivent arriver seront une image de celles de la fin du monde ; elles seront si terribles qu'il y aura de quoi sécher de frayeur. Il m'a été dit : « Tous ceux qui sont pour Moi (*Dieu*) ne périront pas, ne périront pas, ne périront pas. » Mais, ai-je répliqué, il est impossible qu'il n'y ait pas quelques bons qui périssent. Il m'a été répondu ; « Oui, il pourra y avoir quelques victimes, mais elles ne seront pas perdues pour Moi. »

« Après le grand combat la légitimité sera reconnue..... et tous s'embrasseront sans rancune; la religion refleurira et les peuples reviendront au bonheur des premiers siècles; les chrétiens vivront comme des frères. »

Poursuivie et battue par la police, en 1830-32, la petite Marie fut obligée de se cacher. Pendant ce temps, alors qu'elle était seule dans sa chambrette, lui apparut, en plein jour, un drapeau blanc qui pouvait avoir deux pieds et demi de hauteur. Au milieu de ce drapeau, se trouvaient groupées six fleurs de lis, et dans un coin du même étendard elle remarquait une seule petite fleur de lis. Soudain la pieuse servante s'écria : « Je m'explique bien ces six fleurs de lis réunies : elles représentent Charles X, le duc et la duchesse d'Angoulême, la duchesse de Berry, Mademoiselle et le duc de Bordeaux. Mais cette petite qui est là toute seule dans un coin, que fait-elle ? » Une voix céleste, bien connue de la petite

Marie, lui répondit : « C'est le duc de Normandie. — « Mais je ne sais pas ce que c'est, » répliqua celle-ci. — « Eh bien! on te l'apprendra, » ajouta la voix céleste. Et tout disparut.

Assurément ce texte confirme les preuves relatives à l'existence du Dauphin en 1830. Ne confirmerait-il pas aussi le paragraphe ci-après, intitulé : « Un Sauveur inattendu » ? A l'esprit du lecteur de s'amuser...

Prophéties inédites sur Pie IX et son Successeur.

Par sa lettre du 1er avril 1872, le respectable M. H... d'E., nous adressait le texte de trois visions prophétiques qu'un vénérable ecclésiastique lui a donné à Rome, en 1867, comme émanant d'une sainte âme.

Nous livrons cette pièce à l'impression afin de lui donner une date authentique d'existence, car les preuves de son authenticité ne nous ont point été transmises. Si elle n'était publiée qu'après le grand événement qu'elle semble annoncer, d'accord avec d'autres prophéties, on ne manquerait pas de répéter le fameux mot : « Ç'a été fait après coup! »

Cependant nous ne l'acceptons que sous la plus grande réserve, attendu que nous sommes à une époque où la fabrication pseudoprophétique est en vogue. Les francs-maçons en particulier sont d'infatigables ouvriers en cette industrie, et cela dans le but de jeter le discrédit sur 1° les prophéties Bibliques; 2° la véracité et la vertu des saints personnages favorisés de lumières surnaturelles; 3° le Pape; 4° et sur l'Église de Jésus-Christ, afin que les déceptions qui s'ensuivent enfantent le doute dans les âmes, et que l'irritation résultant de ces déceptions, aille jusqu'à faire mépris de toute la doctrine catholique.

Texte.

« I. Notre-Seigneur Jésus-Christ m'a fait voir le crucifiement de saint Pierre, la tête en bas, et il m'a dit : « Ce supplice doit se renouveler à Rome. »

« II. J'ai vu Notre-Seigneur assis sur un trône éclatant de lumière et Notre Saint-Père le Pape Pie IX était à genoux devant lui, et il avait la tête appuyée sur les genoux du divin Maître. « Pauvre et bon Pie IX! s'écria Jésus, comme il a déjà beaucoup souffert!!! mais c'est peu de chose en comparaison de ce qui lui reste à souffrir!!! » Ensuite notre Sauveur considéra son Vicaire avec amour, et il le couvrit de son manteau de gloire.

« III. J'ai vu qu'un grand tumulte se préparait : des gens agités, troublés, irrités » (*des révolutionnaires*) « arrivaient de tous côtés. » (*à Rome proba-*

blement). « L'un d'eux portait un grand crucifix qui fut placé à terre, et l'on obligeait tout le monde à le fouler aux pieds; ceux qui refusaient étaient massacrés. — J'ai vu ensuite des miracles éclatants et le triomphe de l'Église. »

En ce moment, il est opportun de rappeler des lignes publiées par la *Gazette de France* du 30 juin 1860, et qui corroborent la révélation précitée :

« Le Souverain Pontife, disait ce journal, s'entretenait il y a une huitaine de jours avec plusieurs cardinaux. Prié par l'un d'eux de leur dévoiler dans toute sa sincérité, sa pensée sur la situation présente, Pix IX, après s'être recueilli un instant et avoir levé les yeux et les mains au ciel, répondit : « La tempête « est déchaînée, le flot révolutionnaire monte, monte « toujours; il montera encore, il montera si haut, il « causera tant de ravages que croyants et non « croyants seront obligés d'y voir la main de Dieu. »

« L'éminent cardinal, de la bouche duquel un de nos amis tient le fait, ajoutait : « Il m'est impossible de vous dire l'impression produite sur nous par ces paroles. Le Souverain Pontife, debout et profondément ému, semblait lire dans l'avenir. »

M. H... d'E. nous a en outre communiqué des notes concernant le successeur de Pie IX. Voici en quels termes il s'exprime :

1. « M. l'abbé M..., d'après une révélation, m'a dit vers 1863, que le nouveau Pape sera français. Il

ajouta : « Il ne sera pas cardinal ; ce sera un religieux « qui aura été persécuté par son Ordre ; il aura la « fermeté de Sixte-Quint, moins la dureté. »

2. « En 1869, M. *** médecin, me disait : « Le successeur de Pie IX sera un Français ; il connaît sa mission ; il s'y prépare... L'extatique qui a annoncé cela a dit aussi : « Le monde est bien corrompu... ; si les catholiques qui pratiquent, priaient assez, bientôt tout l'univers serait converti et le purgatoire vidé. »

3. « M. l'abbé D..., chanoine, m'a annoncé d'après Anna-Maria Taïgi, que le Pape futur sera un religieux doué de qualités très-éminentes pour les circonstances, et qu'il sera surtout d'une grande fermeté. Ce chanoine m'a encore affirmé qu'il fut question d'élever ce futur Pape à une haute dignité ecclésiastique, mais Pie IX aurait alors répondu : « Non, il faut le laisser dans l'humilité. »

4. « Dans la 1re édition de *l'Oracle* publié en 1840, on lit ce qui suit : « Je me rappelle avoir vu à Rome une ancienne prophétie sur les Souverains Pontifes, qui annonce que, après la mort d'un Pape dont le gouvernement aura été traversé par de grandes tribulations, la Chaire de saint Pierre sera occupée par le Pontife saint. Suivant la même prophétie, les suffrages après s'être longtemps partagés, se réuniront tout à coup sur un saint personnage qui doit alors

se trouver dans la retraite, et ensuite couvrir de son manteau toutes les nations de l'univers. »

« Tout ce que vous avez publié sur le Pontife saint : *Lumen in cœlo*, ajoute M. H..., a un immense intérêt. La Révolution est haletante en attendant la mort de l'héroïque Pie IX ; elle est d'accord avec la fraction du clergé schismatique de fait ou *in petto*; ces misérables voudraient un Pape dans les idées de Bismarck et de l'ex-père Hyacinthe. Ils nous créeront sans doute bientôt un antipape qui pactisera avec la Révolution. Mais si les ennemis de l'Église savaient quel Pape Dieu nous prépare! L'apparition de *Lumen in cœlo* sera la confusion de la Révolution. C'est une des grandes grâces que Dieu accordera à son Église et au monde. »

Prophétie Werdinienne.

Dans sa deuxième édition, l'auteur de l'*Oracle*, M. l'abbé James, de Paris, sous le pseudonyme de Henri Dujardin, rapporte le vrai texte latin de la prophétie à laquelle il fait allusion dans notre paragraphe précédent. Elle est du Père Werdini d'Otrante, abbé d'un monastère de la Calabre, où il mourut en 1279.

M. James a tiré cette prophétie d'une compilation rarissime formant deux vol. in-folio, et publiée pour la première fois en 1600. Elle est à la page 1007 du tome II, sous cette rubrique : *Vaticinium memorabile*. Mais M. James s'est défendu, par prudence, de donner le titre de cet ouvrage ; il craignait que cette divulgation amenât la destruction de l'édition princeps. N'ayant pas les mêmes appréhensions, nous pouvons affirmer aujourd'hui, — d'après une découverte de feu M. Ch. Choiselat, et afin d'apprendre quelque chose à ceux mêmes qui croient tout savoir en fait de prophéties, — que cette compilation se trouve à la Bibliothèque *** (nous taisons le nom), à Paris, sous ce titre : *Johan. Wolfii jurisconsulti et consiliorii Palatini lectionum memorabilium et reconditarum Centenarii XVI. Lavingeæ sumptibus autoris impressit Leonahardus Rheinmichel, typ. Palatinus*, 1600.

L'historien raconte que Petrus Paulus faisant des fouilles pour la reconstruction d'un monastère en Calabre, en présence des moines et de l'Abbé, découvrit en 1593, un tombeau de marbre, qui, à son ouverture, laissa voir un corps ne portant aucune trace de corruption, et dans la main duquel se trouvait une lame d'argent portant cette inscription : *Cùm sancta civitas fulgebit splendor stellæ, sol iterùm me videbit; hoc est corpus abbatis Werdini Hydruntini sepulti 6 Kal. nov. anno 1279 a virgineo partu.* Sous sa tête était une petite boîte plombée, contenant la prophétie susdite, dont voici la traduction de la première partie seulement :

« Moi, abbé Werdini d'Otrante averti par mon ange gardien de l'époque de ma mort, j'ai écrit sur parchemin les événements qui m'ont été révélés et qui s'accompliront à l'ouverture du sixième sceau (1). J'ai renfermé ce manuscrit dans une petite cassette de marbre, ordonnant, en vertu de la sainte obéissance, à Jacques d'Otrante et à Maur de Palerme, mes disciples bien-aimés, de la déposer avec mon cadavre dans un sépulcre qui sera ouvert lorsqu'une brillante étoile » (*le Pape* Lumen in cœlo) « luira sur la Chaire de saint Pierre et s'irradiera splendidement sur l'Église catholique, après avoir été élue contre l'attente des hommes, au milieu d'une grande lutte électorale.

« Ce bon pasteur gardé par les anges réparera bien des choses. Par sa vigilance et sa sollicitude, des autels seront élevés, et les églises détruites seront rétablies.

« Alors un agréable guerrier de la postérité de Peppin, » (*c'est Henri V,*) « viendra de loin » (*de France à Rome*) « pour contempler la gloire de ce pasteur, qui l'installera » (*ensuite par son sacre*). « d'une manière merveilleuse sur le trône de France vacant jusque-là » (*par la chute de la République du*

---

(1) Compris dans le sixième âge de l'Église, vers la fin duquel nous sommes, d'après l'opinion commune et contrairement à celle émise par Holzhauser. Ce sixième sceau est annoncé par saint Jean, au chap. VI, v. 12 à 17 de son Apocalypse.

4 *septembre* 1870). « Il le couronnera du diadème royal » (*dans la vieille cathédrale de Reims*), « et l'appellera à son aide. » (*Ce qu'annonce aussi la prophétie de saint Vincent, comme on le verra plus loin.*) « Après un petit nombre d'années » (*six ans et demi, dit saint Vincent*), « cette étoile s'éteindra, et le deuil sera grand. »

Le prophète calabrais est donc pris en défaut, puisque son tombeau a été ouvert en 1593 et que *Lumen in cœlo* ne resplendira sur la Chaire de saint Pierre que vers 1874 ou 75. Les érudits ne seront pas étonnés de cette erreur, si toutefois erreur il y a, et les ennemis des prophéties jubileront… niaisement, sans s'en douter. Cependant ne soyons pas téméraire, car il peut se faire que le sépulcre du Père Werdini soit retrouvé et ouvert sous le pontificat de *Lumen in cœlo*. Mais franchement nous ne comptons point sur cette trouvaille.

Vision prophétique de sainte Hildegarde, morte en 1180.

« J'ai vu devant l'autel, c'est-à-dire en présence de Dieu, l'image d'une femme de haute stature » (*figurant l'Église,*) « qui, depuis le ventre jusqu'au milieu de la structure humaine » (*le sein générateur de l'Église,*) « avait différentes taches de rugosité, » (désignant les chrétiens entachés de gallicanisme, de libéralisme, de révolutionarisme, d'hérésie ou de schisme). « Et à cette place » (de l'enfantement des enfants de l'Église,) « apparaissait une tête monstrueuse et noire, ayant des yeux de feu; ses oreilles ressemblaient à celles d'un âne, et ses narines et sa bouche étaient celles d'un lion, qui poussait de terribles rugissements, et qui, horrible à voir, grinçait convulsivement les dents. » (C'est la Révolution avec toutes ses ignorances et ses horreurs monstrueuses, et sa puissance tendant à dévorer, à annihiler le christianisme.) « Et, depuis cette tête jusqu'à ses genoux, cette image blanche et rouge était comme opprimée par une grande douleur » (représentant l'état malheureux de ceux qui pactisent avec les ennemis de Dieu et de l'Église romaine). » Mais ses deux jambes depuis les genoux jusqu'aux deux cordons blancs, qui se nouaient transversalement au-dessus des pieds, paraissaient couvertes de sang. » (C'est pour indiquer les tribulations et les persécutions sanglantes dont l'Église est victime, sans que la solidité de sa base puisse être ébranlée, ni que la pureté de ses doctrines symbolisées par les cordons blancs, puisse être souillée.)

« Cette tête monstrueuse quitta la place qu'elle avait, mais avec tant de fracas que l'image de la femme en était émue dans tous ses membres. » (Ainsi la Révolution fut et sera toujours forcée, par la puissance divine, à abandonner ses plans, au moment où elle s'y attend le moins, et alors elle reste foudroyée et vaincue, tant qu'il plait au Seigneur, qui s'en sert comme d'une verge vengeresse contre l'humanité coupable.)

« Et cette image fut unie à cette tête » (*à différentes époques, notamment à la nôtre*), « comme une masse impure. » (*C'est-à-dire que les peuples chrétiens s'identifient avec les vices et les crimes de la Révolution.*)

« Et cette tête, » (*la Révolution*) « s'élevant jusqu'à une montagne » (*Rome*) « essaya de s'élever au ciel. » (*Par les principes les plus sataniques de l'antichristianisme voulant abolir le culte de Dieu par l'athéisme et le matérialisme; et ceci va se produire à Rome dans un prochain avenir.*) « Mais tout à coup le tonnerre éclata, » (*la vengeance du ciel par des coups supernaturels,*) frappa cette tête avec tant de violence, qu'elle tomba du haut de cette montagne, et qu'elle rendit le dernier soupir. Et tout aussitôt une nuée noirâtre » (*les ténèbres physiques annoncées par Anna-Maria dans le paragraphe suivant,*) « enveloppa cette montagne; et dans cette nuée cette tête fut enveloppée d'une si grande souillure que tous les peuples voisins étaient frappés de terreur, et d'autant plus qu'ils voyaient cette nuée demeurer un peu trop longtemps » (*trois jours*) « sur cette montagne. » (*Les ténèbres seront pestilentielles, horribles et peuplées de visions effroyables.*)

« Le peuple, témoin de ce prodige et saisi d'une

grande crainte, disait : « Hélas ! hélas ! qu'est ceci ? quelle chose extraordinaire ! Ah ! qui pourra nous sauver ? qui pourra nous délivrer ? Nous ne savons pas comment nous avons pu nous laisser séduire, » (*par les doctrines modernes.*) « O Dieu tout-puissant, ayez pitié de nous. Revenons, revenons donc. Hâtons-nous d'embrasser le testament de l'Évangile du Christ. Car, hélas ! hélas ! nous avons été séduits. »

« Mais voici que les pieds de l'image de cette femme apparurent tout éclatants, et resplendissants comme le soleil. » (*Par le torrent de l'épreuve et des châtiments, la pierre fondamentale du catholicisme sera nettoyée de toutes les scories accumulées par les gouvernements et les peuples dévoyés ; alors l'Église libre et resplendissante comme le soleil, vivifiera tout l'univers.*) « Et j'entendis une voix du ciel qui me disait : « Quoique toutes choses sur la terre touchent à leur fin, en sorte que le monde, privé de toutes ses forces, s'incline vers sa ruine, sous l'oppression de ses douleurs et de ses fléaux, cependant l'Épouse de mon Fils, » (*c'est-à-dire l'Église catholique, apostolique et romaine*) « persécutée dans ses enfants par les précurseurs du fils de perdition lui-même, » (*l'Antechrist, au* xx*e siècle,*) « ne sera pas ébranlée, bien qu'elle soit vivement combattue par eux. Au contraire, elle en sortira sur la fin des siècles plus forte et plus vigoureuse ; et, paraissant plus belle et plus glorieuse, elle se présentera à son Époux » (*mystique*, *Jésus-Christ*.) « avec plus de douceur et de suavité pour recevoir ses caresses. » (*L'effusion plus abondante des grâces sensibles de l'Esprit d'amour.*) « C'est là le sens mystérieux que le présente cette vision. » (*Apud* LACHÈZE, *les Révélations de sainte Hildegarde ou le Scirias*, etc., p. 158-162. Paris, 1863 ; se trouve chez l'auteur à Bourron (Seine-et-Marne). Prix : 1 fr. 75 *franco*.)

Prophéties d'Anna-Maria Taigi et d'autres voyants.

On sait qu'une grande partie des prophéties de cette sainte femme sont sous le scellé à la Congrégation des rites, à Rome, et qu'elles ne pourront être divulguées que lorsque le procès de sa béatification sera terminé. Elles s'étendent jusqu'à la venue de l'Antechrist.

Cependant Mgr Natali, qui est mort il y a deux ans, après avoir été, pendant vingt-cinq ans, le confident de cette vénérable servante de Dieu, a communiqué plusieurs fragments de ces prophéties concernant l'avenir. C'est ainsi que nous avons pu imprimer, p. 53 de l'*Avenir dévoilé*, 1er volume, les lignes suivantes sur lesquelles il est important de rappeler l'attention :

« D'épaisses ténèbres envelopperont la terre pendant trois jours. Pestilentielles, horribles, peuplées de visions effroyables, ces ténèbres feront mourir surtout les ennemis hypocrites ou avoués de la sainte Église : à ce sujet Anna-Maria a laissé des conseils aux fidèles, et parmi ces conseils on remarque celui de se munir de cierges bénits parce que leur lumière seule luira dans l'obscurité. Une apparition céleste viendra rassurer les fidèles : saint Pierre et saint Paul se montreront sur les nuées, et tous les hommes verront, et la foi au surnaturel rentrera dans leur cœur. D'innombrables conversions d'hérétiques s'opéreront avec grande édification. »

Une des pièces authentiques recueillies dans le procès de la béatification de la vénérable Taïgi et publiée, en partie, dans les *Analecta juris Pontificii*, rapporte un témoignage du Cardinal Pedicini, qui s'harmonise avec le texte précité. « Un jour, dit-il, Anna-Maria priait, en versant un torrent de larmes et en offrant ses actions et ses souffrances, afin que les pécheurs se convertissent, que le péché fût détruit et que Dieu fût connu et aimé. Alors Notre-Seigneur lui manifesta les horribles péchés de personnes de toute condition et combien il en était offensé. A cette vue, la servante de Dieu ressentit une profonde douleur et s'écria en soupirant : « Bien-Aimé, comment remédier à un si grand désastre? » Il lui fut aussitôt répondu en ces termes : « Ma fille! mon Épouse, » (*l'Église,*) « mon Père et

Moi apporterons remède à tout ; car, après un châtiment..... (1), ceux qui survivront devront se comporter ainsi, etc. » Et elle vit d'innombrables conversions d'hérétiques qui doivent rentrer dans le sein de l'Église ; elle vit aussi la conduite édifiante qu'ils tiendraient, ainsi que celle des autres catholiques. »

A ces fragments nous allons joindre des détails confirmatifs et complémentaires ; plusieurs sont tirés de la 2ᵉ édition d'un volume in-12, intitulé : *La vénérable Anna-Maria Taïgi*, etc., par le R. P. Calixte, président du Couvent des PP. Trinitaires à Cerfroid (Aisne). Ce livre, qui est approuvé par le Général des Trinitaires, postulateur de la cause de la Vénérable, a été soigneusement examiné à Rome et trouvé en tout point conforme aux documents authentiques du procès apostolique de la dite béatification.

Voici ces détails :

Pendant plusieurs jours de suite, Anna-Maria vit se répandre sur le monde entier des ténèbres exces-

---

(1) Il y a ici une lacune dans la traduction faite par le rédacteur des *Analecta*, mais il est probable que le châtiment dont il s'agit est celui des ténèbres pestilentielles. Répétons encore ici que les fléaux peuvent être détournés ou au moins atténués par la prière et la pénitence. — Le chapitre XVII du Livre de la Sagesse relatif à la plaie des ténèbres d'Égypte, doit être médité sérieusement à cette heure.

sivement épaisses. Elle vit aussi tomber des débris de murs et de poutres, comme si un grand édifice se fût écroulé. Ce fléau lui fut manifesté à diverses reprises. — Quand on pense aux attentats lucifériens accomplis, en 1871, par la sauvage Commune de Paris, attentats ratifiés par la démagogie européenne, et en particulier par les sectaires d'Italie, on peut entrevoir déjà les ruines que ceux-ci accumuleront à Rome, dans un avenir prochain, ce que d'ailleurs plusieurs prophéties du présent recueil annoncent très-clairement.

Il est à présumer qu'il s'agit ici de ténèbres physiques, semblables à celles qui furent l'une des dix plaies d'Égypte, et qui durèrent trois jours. Mais la Vénérable n'a pas fixé l'époque précise de leur manifestation. Toutefois Mgr Natali, ayant été interrogé à cet égard par un grand nombre de personnes, a donné à toutes l'assurance que ces ténèbres dureraient trois jours consécutifs.

Tous les ennemis de l'Église, cachés ou apparents, périront pendant ces ténèbres, à l'exception de quelques-uns que Dieu convertira bientôt après.

L'air sera alors empesté par les démons qui apparaîtront sous toutes sortes de formes hideuses. Ceci est parfaitement d'accord avec la Vision prophétique d'Élisabeth Mora, citée plus haut.

En 1871, sous le règne des Communards, nous avons eu un échantillon de toutes ces furies infernales, de toute cette lie des bas-fonds sociaux, laquelle, à la faveur de la tempête et sous l'impulsion de Satan, était remontée à la surface de la société, au point que sa sainteté Pio IX voyait dans tous ces misérables démagogues de vrais démons sortis de l'enfer.

Ce vénérable Pontife, qui, on le sait, est éclairé soit directement d'En-Haut, soit par les communications qui lui sont transmises par des âmes favorisées, annonce aussi un grand prodige qui remplira le monde d'étonnement et d'épouvante. Ce prodige ne serait-il pas celui des *ténèbres physiques* ?

Maintenant, il faut bien le dire, partout on se moque d'un pareil événement ; on le considère généralement comme une rêverie. Ainsi fit-on à l'égard du déluge, pendant les cent ans que Noé employa à la construction de son arche.

« Quant à moi, ajoute M. Amédée Nicolas, je n'affirme pas que des *ténèbres physiques* auront lieu ; mais il me semble que le sujet est assez grave pour qu'on s'abstienne d'en rire ; et l'histoire, et les prophéties scripturaires, ainsi que l'état des esprits à notre époque peuvent bien justifier les appréhensions de plusieurs sur ce point.

« Puisque des ténèbres physiques de trois jours ont eu lieu en Égypte, il s'ensuit que nous pouvons en avoir de notre temps, car de ce qu'une chose a été, on doit conclure qu'elle peut être.

« L'*Apocalypse*, à l'ouverture du sixième sceau, semble nous prédire des ténèbres quand elle dit qu'il se fera tout à coup un grand tremblement de terre, que *le soleil deviendra noir* comme un sac de crin (Chap. VI, v. 12.); et si nous sommes à ce point de la durée du monde, comment pourrait-on y voir, si le soleil n'éclaire plus ?

« L'égarement et la corruption des hommes sont aujourd'hui plus profonds que ceux de l'Égypte, aux jours de Pharaon ; l'athéisme et le matérialisme règnent en maîtres sur les masses. Il faudrait un événement évidemment divin, pour que les peuples se remissent à croire à l'existence de Dieu et à celle du monde spirituel ; or, les ténèbres seraient cette preuve irréfragable et sans réplique, donc elles sont plus opportunes et plus nécessaires que ne l'ont été celles de l'Égypte.

« Le même chapitre VI de l'*Apocalypse*, répété par le chapitre second du prophète Isaïe, nous annonce que : « Les rois, les princes, les chefs mi-
« litaires, les riches, les forts, les esclaves et les
« hommes libres seront saisis d'une grande crainte
« devant les cataclysmes dont ils seront témoins ;
« qu'ils se cacheront dans les cavernes et les pierres
« des montagnes, qu'ils crieront aux montagnes
« et aux collines de tomber sur eux afin de les ca-
« cher devant la face de Celui qui est assis sur le
« trône, et de les préserver de la colère de l'Agneau,

« parce que le grand jour de leur colère est venu
« et que nul ne pourra le soutenir. » Cette horrible scène n'appartient pas aux secousses de la fin du monde, car elle est suivie d'un grand renouvellement religieux, comme on le voit à la sixième Église, au sixième sceau et à la sixième trompette; elle ne se rapporte pas au jugement des morts, mais à *une sorte de jugement des vivants* qui pourrait être renfermé dans ces paroles de David : « *Judicabit in nationibus, implebit ruinas.* » (Ps. 109, v. 5.) Mais quel fait pourrait amener un épouvantement si grand? Les ténèbres, que les uns redoutent, que d'autres tournent en dérision, ne seraient-elles pas bien faites pour le produire? Et si leur résultat était la conversion du monde à Jésus-Christ, ne seraient-elles pas un grand bienfait pour notre humanité si dévoyée, et ne devraient-elles pas être désirées et demandées avec instance à Dieu, par ceux qui veulent que son nom soit sanctifié, que son règne arrive, que sa volonté soit faite sur la terre comme dans le ciel (1)? »

Voici d'autres annonces pleines de merveilleux :

---

(1) Voir *Les prédictions modernes devant un savant théologien*, par Amédée Nicolas, avocat, 2ᵉ partie, p. 92; Marseille, 1871. Actuellement, il est utile et charitable de dire sans manchettes que le « savant théologien, » collaborateur des *Précis historiques* de Bruxelles, le même que nous avons apostrophé dans notre *Supplément* p. 110-111, n'est rien moins qu'un *ignorant*.

Anna-Maria aurait encore affirmé qu'après les ténèbres, la *Santa-Casa* de Lorette serait transportée par les anges dans l'Église de Sainte-Marie-Majeure à Rome. On dit aussi que le B. Labre a prédit que cette sainte Maison subirait une troisième translation miraculeuse en faveur de la France, avant la fin du monde. Et voilà que nous venons d'apprendre qu'une sainte âme, du diocèse de Meaux, s'écriait, le 11 mai 1862 : « O Nazareth ! O petite Maison de Lorette ! Si, au milieu des troubles qui agitent l'Italie, vous vous trouvez trop mal dans le lieu où vous avez été déposée, laissez-vous transférer à Marl...o, selon l'espérance que m'en donne la Vierge Immaculée (1) ! »

en fait de prophéties. Comme il est trop vieux pour s'asseoir de nouveau sur les bancs, il se console facilement, car il a beaucoup d'amis... parmi les ânes. Eh bien ! qu'ils braient ensemble !

(1) Le 1er avril 1872, du fond de la malheureuse Alsace, une main chrétienne et française nous écrivait ces lignes : « Avez-vous appris que, dans le pays de Bâle, certaines fenêtres se couvrent d'images symboliques peu rassurantes, telles que croix, têtes de morts, sabres, ossements ? L'éminent curé du... va recevoir une de ces vitres merveilleuses. »

Dès le mois de décembre 1871, un vénérable chanoine, missionnaire apostolique, nous disait : « Je viens de voir, en Italie, un enfant Jésus en cire qui sue du sang et de l'eau : c'est à Bari. J'ai apporté de sa sueur sanglante. Un lis déposé sur lui a été aussitôt couvert de croix rouges et répand une odeur céleste... »

Cette même année, le *Rosier de Marie* a publié dans ses

La vénérable Taïgi aurait prédit en outre qu'après l'événement des ténèbres, saint Pierre et saint Paul, descendus des cieux, prêcheront dans tout l'univers et désigneront le successeur de Pie IX par un prodige : une grande lumière jaillira de leurs personnes et ira se reposer sur le cardinal, futur Pape, prophétisé par saint Malachie sous la devise *Lumen in cælo*, la lumière dans le ciel (n° 262 de notre premier volume). Cette apparition n'aura lieu vraisemblablement qu'après l'élection du successeur de Pie IX, et pour mettre fin au règne de l'antipape *Ignis ardens* (n° 263), qualifié de « tête ardente » par le prophète de Prémol (n° 219). Dès le mois d'août 1871, nous faisons part de cet aperçu à l'un de nos correspondants, attendu que la marche des événements et l'état politique de l'Europe nous apportent quelques rayons de lumière, qui nous obligent de modifier plusieurs de nos interprétations.

colonnes de longs articles d'un docteur en théologie sur le prodige du *Bambino* de Bari, qui est un fait avéré, très-authentique et dont les preuves se multiplient tous les jours. Au reste, nous sommes à une époque où l'on est forcé de répéter souvent ce vers du poète :

Et quel temps fut jamais plus fertile en miracles!

Hélas! ces manifestations du ciel profitent à bien peu d'âmes, surtout parmi celles dont la conscience est en mauvais état. Il faudra à ces aveugles des coups formidables; aussi, d'après le prophète de Prémol, le Secret de Mélanie, Madeleine Porsat, le voyant de Malétable (Orne), M. l'abbé Migorel, etc., attendons-nous des tremblements de terre...

Après la grande crise, saint Michel archange, paraîtrait aussi sur la terre sous forme humaine. Dieu lui donnerait le pouvoir de tenir le démon enchaîné jusqu'à l'époque du règne de l'Antechrist. Ainsi la religion étendra partout son empire : Unus Pastor. Les Russes seront convertis, ainsi que l'Angleterre et la Chine. Alors les peuples seront dans la jubilation en contemplant le miraculeux triomphe de la sainte Église de Dieu.

Nous savons par un certain nombre de prophéties du présent opuscule, qu'une guerre ou persécution sanglante éclatera contre l'Église en Italie. Or, Anna-Maria annonce que les cadavres des hommes tués aux environs de Rome seront aussi nombreux que les poissons charriés dans cette ville, par un récent débordement du Tibre.

Cette vaticination semble être élucidée et complétée par celle suivante émanant du respectable et pieux abbé M....., curé de M....., par L....., au diocèse de S.... « Rome, dit-il, me paraît serrée de près par
« ses ennemis ; elle est comme un prisonnier
« chargé de chaînes ; tout ce qui l'environne est au
« pouvoir de la Révolution. Le nord de l'Italie se
« couvre de lumière, à l'exception de quelques
« points, mais le midi est enseveli dans une nuit
« profonde. Les ennemis de l'Église tournent
« autour de la ville sainte comme des tigres affamés.

« Je vois alors, à peu de distance et au nord de
« Rome, deux armées rangées en bataille ; l'armée
« la plus faible et qui combat pour le bien, fait face
« à l'Orient ; elle est calme. Tout à coup les ennemis
« de l'Église sont comme soulevés de terre et ren-
« versés. De la terre s'élèvent une épaisse fumée et
« un feu qui les dévore. Frappés d'épouvante, ils
« veulent échapper au danger par la fuite, mais
« dans leur précipitation, ils se foulent aux pieds
« les uns les autres, et de leurs armes se donnent
« mutuellement la mort ; le désordre est au comble.
« L'armée des défenseurs de l'Église, au contraire,
« se replie sur la droite et se tourne vers le nord ;
« elle voit avec reconnaissance la main de Dieu qui
« combat pour elle. L'Église triomphera par une
« intervention divine, mais je suis convaincu que
« ce triomphe n'aura lieu qu'en 1874 ou 1875. »

A l'appui des pages précédentes, voici une Prophétie faite par sainte Catherine de Sienne, et
recueillie de ses lèvres par son directeur, le
B. Raymond, de Capoue, lequel en consigna le texte
dans la *Vie* qu'il a écrite de cette vierge séraphique :

« Le mal, dit-elle, dont les mauvais chrétiens se
« rendront coupables en persécutant la sainte Église,
« amènera pour celle-ci l'honneur, la lumière, le
« parfum des vertus. Après les tribulations et les
« détresses, Dieu par un moyen imprévu des

« hommes, purifiera sa sainte Église et renouvellera
« l'esprit de ses élus. Il s'ensuivra une telle réfor-
« mation de l'Église de Dieu et une telle rénovation
« de saints pasteurs que cette seule pensée exsulte
« mon esprit dans le Seigneur. L'Épouse du Christ
« est maintenant comme défigurée et couverte de
« haillons, mais alors elle resplendira de beauté :
« elle apparaîtra ornée de joyaux précieux et
« couronnée du diadème de toutes les vertus. Tous
« les peuples fidèles se réjouiront de se voir dotés
« de si saints pasteurs. Quant aux nations infidèles,
« elles seront attirées par la bonne odeur de Jésus-
« Christ : elles reviendront au bercail de la Catholi-
« cité ; elles se convertiront au véritable Pasteur
« et Évêque de leurs âmes. Rendez donc au
« Seigneur des actions de grâces, parce qu'après la
« tempête il donnera à son Église une paix et une
« joie extraordinaires. »

Les Secrets prophétiques de la Salette.

Quoique nous ayons publié dans l'*Avenir dévoilé*
et divulgué avant tout autre, la majeure partie des
Secrets que la sainte Vierge confia aux deux bergers
Maximin Giraud et Mélanie Mathieu, sur la montagne de la Salette (Isère), le 19 septembre 1846,
nous reproduisons ces documents pour répondre

aux désirs qui nous sont exprimés. Nous le faisons d'autant plus volontiers que nous sommes à même, par suite de renseignements spéciaux, de rectifier les fautes de copistes qui se sont glissées dans les premières transcriptions qui nous ont été transmises.

I. — Secret de Maximin.

Notre texte fut recueilli, le 11 octobre 1866, par M. l'abbé F.-M. G..., du diocèse de Lyon, de la bouche du R. P. Eymard, de pieuse mémoire, fondateur de la Congrégation du Saint-Sacrement. Ce saint homme en donna une copie écrite de sa main, et peu de temps avant sa mort, à M. Houzelot, père, éditeur d'images religieuses à Paris, ainsi que celui-ci nous l'a attesté, par sa lettre du 26 juillet 1871, c'est-à-dire huit ou neuf mois après l'impression de la copie de M. l'abbé G...

Le R. P. Eymard a affirmé à ce dernier qu'il savait de source certaine, que Maximin avait écrit deux copies lorsqu'il fit sa lettre pour le Saint-Père, attendu que la première de ces copies était, par son *barbouillage*, indigne d'être présentée à Sa Sainteté. Or, le R. P. Eymard a prétendu avoir tenu entre ses mains, sinon la copie barbouillée, du moins une transcription textuelle de cette copie, qu'il savait, disait-il, par cœur et à la lettre, quant aux paroles composant le secret proprement dit.

Le R. P. Eymard a prétendu aussi que l'un des deux témoins (1) chargés par Mgr. de Bruillard, évêque de Grenoble, de faire écrire le Secret de Maximin, fit semblant de détruire la première copie susdite; et que c'est alors que celle-ci fut habilement escamotée. Et il dit cela à haute et intelligible voix et très-sérieusement à M. l'abbé G..., dont le témoignage mérite la confiance la plus absolue, parce qu'il est celui d'un digne et excellent prêtre incapable de tromper.

De son côté, l'auteur de l'opuscule : *Les Secrets de la Salette*, M. Girard, prétend, d'après les affirmations de M. Dausse, que Maximin transcrivit la première copie de son Secret (2), c'est-à-dire le premier original barbouillé, et qu'ensuite il prit celui-ci et l'offrit spontanément à M. Dausse, en disant : « Mon cher Monsieur, comme je vous aime bien, je veux vous donner ce brouillon, que vous garderez. » M. Dausse ne voulait pas l'accepter, mais Maximin insista tellement, qu'il y fut comme obligé. Et dès lors, M. Dausse conserva religieuse-

---

(1) Ces témoins étaient : M. Dausse, ingénieur en chef des ponts-et-chaussées, à Grenoble, et M. l'abbé de Taxis, chanoine de la même ville. Ce dernier est mort il y a quelques années.

(2) Une fois ce premier écrit achevé, M. de Taxis s'en alla et ne revint pas. Et pourquoi s'en allait-il, puisqu'il était requis comme témoin ? Avait-il sur la conscience un poids trop lourd de honte coupable ?

ment ce cadeau. Il en livra deux copies seulement :
l'une, le 5 septembre 1855, à Mgr. Ginoulhiac, successeur de Mgr. de Bruillard, et actuellement archevêque de Lyon; et l'autre à M. de Taxis, le 20 avril 1862.

Le même auteur affirme en outre, que M. de Taxis et M. Dausse lui ont parlé longuement du Secret de Maximin; le premier lui en a donné verbalement une partie, mais il lui a remis, par écrit, le préambule du Secret, tel que nous le rapportons plus loin.

M. Girard croit aussi, que M. de Taxis a révélé le Secret, « plus ou moins, à diverses personnes, notamment au R. P. Eymard. »

A la page 113, 1re édit. des *Secrets*, l'auteur dit qu'il est obligé de nier une grande partie des notes, accompagnant le texte du Secret de Maximin publié dans le *Supplément à l'Avenir dévoilé*, attendu « qu'elles sont de pures imaginations. » Dans notre 1re édit. des *Grandeurs et Malheurs*, nous avons protesté contre l'exagération de cette critique faite trop légèrement; et nous protestons encore aujourd'hui, et avec d'autant plus de droit, que nous sommes certain d'une certitude absolue, que M. Girard n'a lu notre livre que plusieurs mois après la publication de sa brochure, et qu'il n'a parlé que d'après les dires erronés d'un de ses correspondants. Néanmoins, dans sa deuxième édition, il ne retranche que deux s à notre endroit : il écrit : « pure imagination ».

A la page 174 des *Grandeurs et Malheurs*, 1ère édit., on lit : « D'après les attestations de M. Girard, nous sommes heureux d'admettre qu'aucune copie de ce Secret ait été obtenue *habilement*, malgré les dires du R. P. Eymard à ce sujet; mais le brouillon ou première copie dont celui-ci parla à M. l'abbé F.-M. G..., se trouve parfaitement désigné par M. Girard lui-même, pag. 45 de sa brochure et au paraphe V, nos 12 à 19, p. 60-63. »

A la page 176, nous disons : «... Celui-ci (le P. Eymard) a pu broder un peu sa narration relativement à la manière dont on a possédé la première copie du Secret, d'autant plus que M. de Taxis lui-même a pu enjoliver sa version, puisqu'il était absent au moment où Maximin donna son brouillon à M. Dausse. Quand on raconte, il est rare qu'il ne se glisse pas quelques petites fioritures ou variantes, surtout si la chose passe par plusieurs bouches. »

De la page 177 à 180, toujours de notre première édition, on lit : « Nous allons mettre sous les yeux du public le texte d'une lettre que M. l'abbé F.-M. G.... nous écrivait d'Uriage, à la date du 10 août 1871. On y verra que le langage de Maximin est en

complète contradiction avec ses actes précités (1).
Il faudrait être *diablement* indulgent pour refuser
à celui-ci l'épithète de 5.3.12 3. 7. 9. Il aurait dû
au moins avouer qu'il avait donné à M. Dausse
le BROUILLON, c'est-à-dire LA PREMIÈRE COPIE
de son Secret destinée d'abord au Saint-Père. N'anticipons pas davantage, laissons plutôt la parole
à M. l'abbé F.-M. G..., et le lecteur jugera :

« Je pars content. J'ai vu Prémol aux ruines
« majestueuses et éloquentes pour qui connaît sa
« fameuse prophétie. J'ai vu pour la seconde fois,
« et avec un nouveau bonheur, le vénéré sanctuaire
« de N.-D. de la Salette. L'impression qu'on éprouve
« à la vue de ces lieux visités par la Reine des
« Anges, est ineffable. On ne saurait retenir ses
« larmes devant cette Vierge qui pleure...

« Vous savez peut-être que Maximin, l'un des
« enfants de la Salette, est établi à Corps comme
« fabricant d'une liqueur de sa composition, à la-
« quelle il a donné le nom de *la Salette*. Il a même
« un chalet tout près du sanctuaire, et là il vend ce
« produit plus ou moins précieux. Inutile de, etc.

« J'ai eu la bonne fortune de le rencontrer à
« son chalet de la Salette. Je l'ai interrogé, mais
« avec timidité, parce qu'il n'aime pas les questions

---

(1) D'après le récit de M. Girard, à savoir : sa double copie
et le don volontaire de son brouillon à M. Dausse.

« relatives à son Secret. Je lui ai demandé s'il était
« vrai qu'il ait écrit DEUX COPIES de son Secret,
« ou bien un BROUILLON et une copie. Il m'a ron-
« dement nié la chose. J'y suis revenu jusqu'à trois
« fois dans le cours de la conversation, sous formes
« différentes ; sa réponse n'a pas changé.

« Je sais bien, m'a-t-il dit, qu'on prétend que j'ai
« chiffonné et jeté une première copie ; je laisse
« dire ; mais ce n'est pas vrai. » — Quels étaient
« les témoins ? » Un évêque : Monseigneur (1), et
« M. Dausse, ingénieur du département. » — Le
« Père Eymard, ai-je poursuivi, prétend en effet
« que vous avez écrit DEUX COPIES ? — « L'a-t-il
« vu ? répliqua Maximin. — Non, mais un de ses
« amis (2) l'aurait vu. — CE N'EST PAS VRAI. »
« — C'est tout ce que j'ai pu en tirer. J'ai été sur
« le point de lui dire : Connaissez-vous les paroles
« que l'on donne comme votre secret ? mais je ne

---

1) C'est dans une salle de l'évêché de Grenoble que Maximin
a écrit son secret. Or, avant comme après la rédaction de
celui-ci, Mgr de Bruillard vint dans cette salle et parla à Maximin, en présence des témoins délégués. Mais Monseigneur ne
fut pas présent pendant que le petit Berger écrivait. Là-dessus
la brochure de M. Girard est très-explicite. Sans doute que la
soutane violette de Monseigneur a plus frappé l'esprit de Maximin que la soutane noire de M. de Taxis. La réponse de Maximin peut donc être admise : inutile de le chicaner pour si peu ;
car il ne fait pas de distinction qui serait pour lui de la vérité.

2) M. le chanoine de Taxis probablement.

« suis arrêté par crainte de trop l'embarrasser. Je
« regrette que le temps ne m'ait pas permis de le
« revoir, ni d'en conférer avec quelqu'un des Pères
« de la Salette. Cela pourra se faire plus tard.

« Vous penserez de cela ce que vous voudrez.
« Pour moi, je pense qu'il y a là-dessous quelque
« mystère qui s'éclaircira avec le temps. Je ne
« doute pas de la sincérité de Maximin, et je crois
« également au témoignage du R. P. Eymard. Ma
« conviction n'est pas ébranlée. »

« Ce mystère, cher monsieur l'abbé et bien digne
ami, vous le trouvez expliqué plus haut. Aussi,
quand vous reverrez Maximin, admonestez-le comme
il le mérite ; et, à l'avenir, doutez un peu plus de la
sincérité du marchand de liqueur. Maximin ne sera
pas content de nous. A qui la faute ?

« Cette lettre n'était pas destinée à la publicité.
Nous la livrons à l'insu de son auteur. Nos motifs
sont chrétiens, et nous obligent à ne rien taire, ni
craindre. »

Mais, maintenant que nous avons recueilli d'autres renseignements authentiques, nous croyons de nouveau que le R. P. Eymard a dit toute la vérité et qu'il ne s'est pas trompé ; par conséquent l'escamotage du secret de Maximin ne peut être mis en doute. Nous protestons donc contre la fausseté, encore qu'elle soit involontaire, de la critique de M. Girard.

Expliquons-nous brièvement :

Avant de publier *les Secrets de la Salette*, M. Girard en a soumis le manuscrit à M.***, qui l'a examiné, corrigé et annoté, alors qu'il était lié d'amitié avec M. Girard. Celui-ci en a les preuves chez lui. Que l'on confronte le texte imprimé avec le texte du manuscrit !...

Mais M.***, voulant paraître immaculé aux yeux du public, avait fait un conte à M. Girard relativement à la manière qui le rendit possesseur du Secret de Maximin. M. Girard est donc dupe d'une fable qu'il ne pouvait soupçonner. Aussi son honneur est intact. Le savant et pieux rédacteur du journal *La Terre-Sainte* reste toujours l'amant passionné de la vérité, cette fille du Ciel !

De plus, M.*** et le ci-devant Berger se sont entendus pour s'innocenter mutuellement devant le public superficiel, et accabler audacieusement M. Girard; oui, déverser sur lui, si c'était possible, le mépris le plus noir, parce que Maximin ne veut pas qu'il soit dit qu'il ait écrit deux copies; l'autre, parce que la profession 53. 6 + 93. 32. 3. 7. 9. 1 est 4. 96 fort honorable. — Qu'on en juge par les deux lettres suivantes :

La première, en date du 13 février 1872, fut écrite par Maximin (assisté propablement d'un compère), en réponse à une lettre de M. l'abbé F.-M. G...

« Monsieur l'abbé,

« Le livre intitulé *Les Secrets de la Salette*, est entièrement faux en ce qui concerne mon Secret et les rapports entre M. Dausse et M. Girard, auteur de ce petit ouvrage.

« Comme je l'ai dit publiquement sur la Sainte-Montagne, je n'ai pas livré mon Secret à d'autre qu'au Saint-Père, et tous les témoignages que l'auteur invoque sont retournés contre cet écrivain 3. 3. 12. 3. 7. 9. et ayant besoin de 29213. 9. 33. 1. 99. 23. 12., et il cherche tous les moyens pour 3. 129213. 9.

« Pour moi, Monsieur, soyez bien persuadé que je n'ai jamais trahi le Secret.

« Je vous envoie dans ma lettre une copie de la lettre de M. D... adressée à M. Girard, et vous verrez comme lui-même le traite, et répond pour moi à ce M. Girard.

« Je vous salue avec respect.

« Maximin Giraud. »

« Priez, je vous prie, pour moi au très-Saint-Sacrifice de la Messe. »

Voici la teneur de la lettre de M. D... :

Grenoble, 31 octobre 1871.

« Monsieur,

« La lettre privée que je vous ai écrite le 22 septembre ayant été comme non avenue, ma seconde lettre privée aussi, du 25 octobre, ne peut suffire. Le public qui... (il y a ici deux mots illisibles dans la copie envoyée par Maximin) l'Ordinaire contre lequel vous êtes si sûr d'avoir raison, et le tiers que vous maltraitez parce qu'il ne vous répond pas, ont droit d'ailleurs à savoir les reproches que je vous adresse. Je me ravise donc et vous requiers d'insérer, dans le plus prochain numéro de votre journal « l'Œuvre catholique d'Orient et d'Occident, » ce préambule et les lignes qui suivent.

« Dans le dernier numéro de ce journal, le numéro du 23 octobre, vous altérez de nouveau, pour les besoins de votre cause, ce que je vous ai dit en conversation, en vous recommandant de ne pas le publier et de ne pas me citer dans vos publications (1). Cela me fait regretter de ne vous avoir pas assez con-

---

(1) Si M. Girard a dévoilé indiscrètement les confidences de M. D***, nous n'en savons rien ; et, ses indiscrétions, si indiscrétions il y a, n'en sont pas moins l'expression de la vérité. Mais le reproche de M. Dausse ne peut s'appliquer à la brochure : *Les Secrets de la Salette*, puisque M. D*** a posé son *visa* sur le manuscrit de celle-ci avant l'impression du livre ; et ce *visa* n'a pu qu'être respecté par M. Girard.

tamment fermé ma porte, et m'oblige à retirer mon nom de la liste de vos abonnés.

« Le Saint-Père a les Secrets des bergers de la Salette : c'est à Sa Sainteté de les divulguer (1), s'il y a lieu, et non point à vous qui n'êtes que possédé de l'envie de les avoir. Fussiez-vous mieux nanti que vous ne l'êtes, vos protestations de soumission au Saint-Siége ne vous autorisent pas, ce me semble, à décider et à agir à sa place et avec aussi peu d'égards pour son délégué, votre évêque. Pour vous justifier, vous citez beaucoup l'exemple de quelques saints. Mais le suivez-vous bien cet exemple, et d'abord êtes-vous saint vous-même ?

« D...... »

Observons qu'aussitôt que M. D... eut envoyé l'huissier à M. Girard, il écrivit à celui-ci une autre

---

(1) C'est plutôt à l'Ordinaire du diocèse à les divulguer ; et si Pie IX parlait, c'est que Mgr l'évêque de Grenoble aurait d'abord parlé. C'est à l'évêque diocésain à prendre l'initiative pour opérer cette divulgation authentique, comme cela eut lieu pour le fait de l'*Apparition* de la Sainte Vierge sur la Montagne de la Salette. Mais, du moment que l'autorité canonique ne se mêle pas d'une affaire grave qui est spécialement de son ressort, et que des textes arrivent providentiellement à une personne quelconque, celle-ci a le droit de provoquer l'intervention épiscopale et de les divulguer, sans qu'elle anticipe pour cela sur les droits et les jugements de l'autorité, pourvu, a déclaré le pape Urbain VIII, que les révélations qu'on publie soient précédées ou suivies d'une protestation relatant que ces révélations n'ont qu'une autorité humaine.

lettre pour lui annoncer qu'il ne tenait plus à ce que sa signification fût publiée dans le journal *La Terre-Sainte*. Ce trait seul caractérise l'homme girouette voulant intimider, mais n'en ayant pas la force attendu que sa cause est mauvaise.

Il est temps de nous résumer :

Maximin prétend qu'il n'a écrit qu'une seule fois son Secret pour le Saint-Père. Ainsi le berger dégage sa responsabilité ; mais prouve-t-il qu'il ne soit pas 5. 3. 12. 3. 7. 9. ?

M. D. drape sa pensée dans un langage qui ne brille que par l'obscurité d'un vague déplorable, insignifiant, et par des coups de sabre diablement voyoucratiques et pas du tout théologiques.

M. Girard n'est que le reporter véridique des communications de M. D..., conteur d'abord, et ensuite correcteur du manuscrit de la brochure : *Les Secrets de la Salette*.

Quant à M. l'abbé G..., il est l'écho scrupuleusement fidèle de la parole du R. P. Eymard, lequel a dit toute la vérité.

Nous avons voulu exposer impartialement toute cette déplorable et scandaleuse affaire devant les yeux du public, afin que la vérité pût bientôt jaillir et que les fauteurs soient confondus. Une simple parole, un aveu de l'âme de Mgr Ginoulhiac suffirait pour cela.... Sa Grandeur a-t-elle, oui ou non, reçu de M. Dausse une copie du Secret de Maximin ?

Quoi qu'il en soit, le texte proprement dit du Secret de Maximin que nous avons publié n'est pas infirmé. Cependant ce texte peut être incomplet, la mémoire du R. P. Eymard ayant pu perdre de sa fraîcheur et oublier quelque passage, comme semble le dire M. Girard, d'après la version orale qu'il a recueillie de la bouche de M. de Taxis, laquelle version est probablement tronquée aussi et entachée d'inexactitude. Nous la donnons après le texte du R. P. Eymard. Voici d'abord le préambule de la lettre de Maximin au Saint-Père :

1° Préambule du Secret de Maximin

« Le 19 septembre 1846, j'ai vu une dame bril-
« lante comme le soleil, que je crois être la Sainte
« Vierge; mais je n'ai jamais dit que ce fût la Sainte
« Vierge. J'ai toujours dit que j'avais vu une dame
« mais jamais la Sainte Vierge. C'est à l'Église
« à juger si c'est véritablement la Sainte Vierge,
« ou une personne, par ce que je vais dire ci-après.
« Elle me l'a donné (mon Secret) au milieu du
« récit après *les raisins pourriront et les noix devien-*
« *dront mauvaises....* Elle a commencé par me
« dire : »

« . . . .
« . . . .

2° Texte du R. P. Eymard.

« Les trois quarts de la France perdront la foi, et
« la quatrième partie qui la conservera la prati-
« quera fidèlement.

« La paix ne sera donnée au monde que lorsque
« les hommes se seront convertis.

« Une nation protestante du Nord (1) se conver-
« tira à la foi, et par le moyen de cette nation les
« autres reviendront à la foi.

« Le Pape qui viendra après celui-ci ne sera pas
« Romain (2).

« Et quand les hommes se seront convertis, Dieu
« donnera la paix au monde (3).

« Puis cette paix sera troublée par le MONSTRE (4).

« Et le monstre arrivera à la fin du dix-neu-
« vième siècle, ou le plus tard, au commencement
« du vingtième (5). »

---

(1) C'est l'Angleterre; voir ci-après, la prophétie de Prémol annonçant d'abord pour l'Angleterre une révolution plus terrible que la révolution française.

(2) C'est-à-dire que le successeur de Pie IX ne sera pas d'origine italienne. Nous avons vu plus haut qu'il est annoncé comme devant être Français.

(3) Ce sera sous les règnes d'Henri V et de *Lumen in cœlo*.

(4) L'Antechrist personnel, quand il commencera à établir sa puissance politique.

(5) Ceci est parfaitement d'accord avec nos calculs et divers textes prophétiques.

3° **Version de M. de Taxis.**

« Les deux tiers de la France perdront la foi (1) :
« l'autre tiers la conservera, mais pas vive.

« La foi se réveillera dans notre patrie.

« Il viendra un grand Monarque (2) qui rétablira
« toutes les choses pour la religion et pour la société.

« L'Eglise redeviendra très-florissante.

« Le Pape qui viendra après Pie IX ne sera
« pas Romain.

« A la fin viendra le Grand Monstre....

II. Secret de Mélanie Mathieu, dite en religion Sœur Marie de la Croix.

En outre de la lettre portant le texte complet du Secret de Mélanie et remise au Saint-Père, — sans parler d'une première copie *aussi escamotée*, et probablement brûlée ensuite par Mgr de Bruillard, — il existe une lettre contenant la plus grande partie du Secret de la Bergère des Alpes. Or, cette lettre fut écrite par Mélanie elle-même, et adressée par elle à

---

(1) Dans le langage ordinaire, on dit souvent les 2/3 pour les 3/4 et réciproquement, ainsi la divergence qu'on remarque entre cette version et le texte du R. P. Eymard n'a aucune importance en elle-même. Reste à savoir seulement laquelle des deux expressions est authentique.

(2) Le voilà encore désigné notre bien-aimé Roi, Henri V!

M. l'abbé Félicien Bliard, missionnaire apostolique, du diocèse de Bordeaux. Nous en avons, le premier, livré le texte à l'impression, au mois de mars 1871, d'après une copie d'un religieux du diocèse de Nantes. Nous la réimprimons intégralement, et nous corrigeons plusieurs fautes de copistes, en suivant le texte de la 2ᵉ édition des *Secrets* par M. Girard, mais plus encore les rectifications faites par Mélanie au mois d'octobre 1871, et transmises à M. l'abbé Cloquet, directeur du *Libérateur*, lequel les a publiées dans son N° de février 1872. L'authenticité de notre texte est donc incontestable.

1° Paroles de la Très-Sainte Vierge.

« Ce que je vais dire maintenant ne sera pas toujours secret; vous pourrez le publier en l'année 1858.

« Les prêtres, ministres de mon Fils, les prêtres, par leur 5. 97. 106. 63. 16. 3., par leurs irrévérences et leur 6. 5. 4. 6. 3. 2. 3. à célébrer les saints Mystères, par l'amour de 1. 99. 23. 12., l'amour des honneurs et des 4. 1. 96. 66. 9. 6. —.... oui, les prêtres demandent vengeance, et la vengeance est suspendue sur leurs têtes. Malheur aux prêtres et aux personnes consacrées à Dieu! lesquelles, par leurs infidélités et leur 59. 7. 196. 63. 16. 1. crucifient de nouveau mon Fils. Les péchés

53. 613. 9. 63113. 6 ☩ 3169 ☩ 9. 3. 3. 6. 956. 3. 7. crient vers le Ciel et appellent la vengeance ; et voilà que la vengeance est à leurs portes (1), car il ne se trouve plus personne pour implorer miséricorde et pardon pour le peuple; il n'y a plus d'âmes géné-

(1) Les victimes de l'ordre sacerdotal et religieux, notamment en Italie et sous la hideuse Commune de Paris, sont on ne peut mieux désignées ici. Si dès 1858, Mélanie avait divulgué *in extenso* les paroles de la Mère de Dieu, surtout en les faisant authentiquer par qui de droit, ce document céleste eût produit infailliblement une impression retentissante dans le monde religieux et profitable à la société tout entière. Ne fallait-il pas dix années au moins pour que les avertissements de la Reine du Ciel fussent répandus, médités, appréciés, et qu'ils portassent partout des fruits de conversion, de salut et d'atténuation dans les vengeances du Seigneur?

La Sainte Vierge en fixant cette divulgation à l'année 1858, avait donc une sage et divine raison que nous comprenons facilement aujourd'hui par l'accomplissement des graves et terribles événements qui se précipitent depuis 1859, et surtout depuis 1870. D'ailleurs le simple bon sens ne dit-il pas : A quoi peuvent servir les prophéties menaçantes, si les dépositaires de ces avertissements surnaturels craignent de les livrer au public, ou s'ils ne peuvent arriver à la connaissance de celui-ci qu'après ou au moment de la réalisation d'une partie des châtiments annoncés ?

La vraie charité chrétienne, non aveuglée, devait donc se montrer hardiment dans la divulgation du Secret de Mélanie, dès 1858. Hélas ! nous avons la douleur de reconnaître avec évidence que le démon de l'amour-propre a *protégé* le vénérable Corps sacerdotal et religieux..., et Satan a triomphé dans cette circonstance !

Cette critique a une portée qui n'échappera à aucun esprit sérieux, attendu qu'elle donne un avis important aux dépo-

reuses, il n'y a plus personne digne d'offrir la Victime sans tache à l'Éternel en faveur du monde. Dieu va frapper d'une manière sans exemple; malheur aux habitants de la terre! Dieu va épuiser sa colère, et personne ne pourra se soustraire à tant de maux réunis.

« Au premier coup de son épée foudroyante, les montagnes et la nature entière trembleront d'épouvante; parce que les désordres et les crimes des hommes percent les voûtes des cieux. La terre sera frappée de toutes sortes de plaies » (*outre la peste et la famine qui seront générales*) (1). « Il y aura des guerres jusqu'à la dernière guerre qui sera alors faite par les dix rois de l'Antechrist, lesquels rois auront tous un même dessein et seront les seuls qui

---

sitaires de prophéties, et qu'elle sollicite implicitement la divulgation des révélations célestes, dont des âmes peuvent être favorisées actuellement, ou pourront être favorisées dans l'avenir, à l'égard de l'humanité.

Ainsi donc, que tout d'abord la Mère Marie de la Croix se mette en devoir de divulguer le *complément* de son Secret. Elle eût dû le faire il y a longtemps, puisque la Sainte Vierge lui fixa l'année 1858 pour publier celui-ci *in extenso*. Mélanie peut-elle prétendre encore, en 1873, que si elle diffère cette publication, c'est parce qu'elle a de *meilleures raisons* que la Mère de Dieu?

(1) Tout ce qui, dans le texte, est en caractères *italiques* et entre deux parenthèses, est une explication donnée par Mélanie elle-même.

gouvernent le monde. Avant que cela arrive, la etc., etc.

« La société est à la veille des fléaux les plus terribles et des plus grands événements; on doit s'attendre à être gouverné par une verge de fer et à boire le calice de la colère de Dieu.

« Que le Vicaire de mon Fils, le Souverain-Pontife Pie IX, ne sorte plus de Rome après l'année 1859 (2); mais qu'il soit ferme et généreux; qu'il combatte avec les armes de la foi et de l'amour : je serai avec lui. Qu'il se méfie de Napoléon, son cœur est double, et quand il voudra être à la fois Pape et Empereur, bientôt Dieu se retirera de lui. Il est cet aigle qui, voulant toujours s'élever, tombera sur l'épée dont il voulait se servir pour obliger les peuples à le faire élever.

« L'Italie sera punie de son ambition en voulant secouer le joug du Seigneur des seigneurs; aussi sera-t-elle livrée à la guerre; le sang coulera de tous côtés; les églises seront fermées ou profanées; les prêtres, les religieux seront chassés; on les fera mourir, et mourir d'une mort cruelle; plusieurs

_____

(2) Ceci laisse entendre que, dans les décrets de Dieu, il est peut-être arrêté que Pie IX restera à Rome, même au moment où le flot de la Révolution menacera sa vie; et que, par conséquent, ce serait son successeur qui prendrait le chemin de l'exil, alors que le Vatican sera incendié, comme l'annonce le voyant de Prémol, dans un des paragraphes suivants.

abandonneront la foi, et le nombre des prêtres et des religieux qui se sépareront de la vraie religion sera grand ; parmi ces personnes il se trouvera même plusieurs évêques (3).

« Que le Pape se tienne en garde contre les faiseurs de miracles, car le temps est venu que les prodiges les plus étonnants auront lieu sur la terre et dans les airs (4).

« En 1864, Lucifer avec un grand nombre de démons seront détachés de l'enfer. Ils aboliront peu à peu la foi, même dans les personnes consacrées à Dieu ; ils les aveugleront d'une telle manière qu'à moins d'une grâce toute particulière, ces personnes prendront l'esprit de ces mauvais anges. Plusieurs maisons religieuses perdront entièrement la foi et perdront beaucoup de personnes. Les mauvais livres abonderont sur la terre, et les esprits de ténèbres répandront sur la terre un relâchement universel pour tout ce qui regarde le service de Dieu ; ils auront » (*par punition de Dieu pour les crimes des hommes*) « un très-grand pouvoir sur la nature ; il y aura des temples pour servir ces esprits. Des personnes seront transportées d'un lieu à un autre par ces mauvais esprits, même des prêtres, parce qu'ils

---

(3) Le schisme qui devra éclater lors de la mort de Pie IX, d'après la prophétie Carthusienne ci-après, est annoncé ici très-clairement.

(4) Ceci doit se rapporter au Spiritisme.

ne se seront pas conduits par le bon esprit de l'Évangile, qui est un esprit d'humilité, de charité et de zèle pour la gloire de Dieu.

« On fera ressusciter des morts et des justes, » (*c'est-à-dire que ces morts prendront la figure des âmes justes qui avaient vécu sur la terre afin de mieux séduire les hommes. Ces soi-disant morts ressuscités, qui ne seront autre chose que le démon sous ces formes, prêcheront un Évangile contraire à celui du vrai Christ Jésus, niant l'existence du ciel, etc.*) « soit encore les âmes des damnés ; toutes ces âmes paraîtront comme unies à leurs corps. Il y aura en tous lieux des prodiges extraordinaires, parce que la vraie foi s'est éteinte et que la fausse lumière éclaire le monde, etc.

Le Vicaire de mon Fils aura beaucoup à souffrir parce que, pour un temps, l'Église sera livrée à de grandes persécutions : ce sera le temps des ténèbres (5) ; l'Église aura une crise affreuse, etc.

« La France, l'Italie, l'Espagne et l'Angleterre seront en guerre ; le sang coulera dans les rues ; le Français se battra contre le Français, l'Italien contre l'Italien (6) ; puis il y aura une guerre générale qui

---

(5) Celles physiques probablement, et qu'Anna-Maria et sainte Hildegarde ont annoncées.
(6) Dans une épître à sa mère, du 15 juillet 1871, Mélanie s'écrie : « Pauvre France ! pauvre France !... Elle n'a vu que le commencement de ses fléaux si elle ne retourne pas sincère

sera épouvantable. Pour un temps, Dieu ne se souviendra plus de la France ni de l'Italie » (*deux ans, un an !*) « parce que l'Évangile de Jésus-Christ n'est plus connu, etc, etc.

« Le Saint-Père souffrira beaucoup ; je serai avec lui jusqu'à la fin pour recevoir son sacrifice. Les méchants attenteront plusieurs fois à sa vie » (*politique*), etc.

« Un avant-coureur de l'Antechrist avec ses troupes de plusieurs nations combattra contre le vrai Christ, le seul Sauveur du monde ; il répandra beaucoup de sang et voudra anéantir le culte de Dieu pour se faire regarder comme un Dieu lui-même.

« La nature demande vengeance pour les hommes, et elle frémit d'épouvante dans l'attente de ce qui doit arriver à la terre souillée de crimes : Tremblez, terre !

« Et vous qui faites profession de servir Jésus-Christ, mais qui, au dedans de vous, adorez vous-mêmes, tremblez ! car Dieu va vous livrer à son ennemi, parce que les lieux saints sont dans la corruption, etc. » (*Beaucoup de couvents ne sont plus des maisons de Dieu.*)

« Dans l'année 1865, on verra l'abomination dans les lieux saints, dans les couvents, etc..., et alors le

---

ment à Dieu... Pauvre Italie, tu es bien coupable ! Aussi un jour viendra où les chiens se désaltéreront dans ton sang. » (*Apud* GIRARD, *loco citato.*)

démon se rendra comme le roi des cœurs. Que ceux qui sont en tête des communautés religieuses se tiennent en garde pour les personnes qu'ils doivent recevoir, etc. Car les désordres et l'amour des plaisirs charnels, etc… (7).

« Ce sera pendant ce temps que naîtra l'Antechrist d'une religieuse et d'un…, (8). En naissant il vomira des blasphèmes ; il aura des dents ; en un mot ce sera comme le diable incarné ; il poussera des cris

---

(7) Dans ses explications à M. l'abbé Cloquet, la bergère de la Salette a un alinéa spécial relatif à ce passage. Le voici textuellement et tout boiteux qu'il est au début de sa construction : « Encore que la pensée soit incomplète, le monde n'est pas préparé à recevoir tout. Car j'ai déjà beaucoup de contradictions pour ce qui est clair ; parce que les méchants ont peur de la lumière et que la vérité les *fa crepare in corpo*. Prions pour ces pauvres âmes… Nous sommes dans un temps où, si nous voulons contenter les hommes, nous ne contenterons point le bon Dieu. »

(8) Sainte Hildegarde a, dans une de ses révélations, un passage qui corrobore et complète celui de Mélanie. Le voici : « Après avoir passé une jeunesse licencieuse au milieu d'hommes très-pervers, et dans un désert » (*un cloître*) « où elle aura été conduite par un démon déguisé en ange de lumière, la mère du fils de perdition » (*la mère de l'Antechrist*) « le concevra et l'enfantera sans en connaître le père. D'un autre côté, elle fera croire aux hommes que son enfantement a quelque chose de miraculeux, vu qu'elle n'a point d'époux, et qu'elle ignore, dira-t-elle, comment l'enfant qu'elle a mis au monde a été formé dans son sein, et le peuple la regardera comme une sainte et la qualifiera de ce titre. » (*Apud* LE R. P. RENARD, *Histoire de sainte Hildegarde*, etc., pages 73-74.)

effrayants; il fera des prodiges et ne se nourrira (9) que d'impuretés; il aura des frères qui, quoiqu'ils ne soient pas comme lui des démons incarnés, seront des enfants de mal; à douze ans ils se feront remarquer par les vaillantes victoires qu'ils remporteront; bientôt ils seront chacun à la tête des armées..., etc.

« Paris sera brûlé et Marseille englouti; plusieurs grandes villes seront ébranlées et englouties par les tremblements de terre, etc.

« J'adresse un pressant appel à la terre, j'appelle les vrais disciples du Dieu vivant et régnant dans les cieux ; j'appelle les vrais imitateurs du Christ fait homme, le seul et vrai Sauveur des hommes; j'appelle mes enfants, mes vrais dévots, ceux qui se sont donnés à moi pour que je les conduise à mon divin Fils, ceux que je porte pour ainsi dire dans mes bras, ceux qui ont vécu de mon esprit ; enfin j'appelle les Apôtres des derniers temps, les fidèles disciples de Jésus-Christ qui ont vécu dans le mépris du monde et d'eux-mêmes, dans la pauvreté et l'humilité, dans le mépris et le silence, dans l'oraison et la mortification, dans la chasteté et l'union avec Dieu, dans la souffrance et inconnus au monde; il est temps qu'ils sortent et viennent éclairer la terre!

« Allez, et montrez-vous comme mes enfants chéris; je suis avec vous et en vous, pourvu que

---

(9) L'esprit.

votre foi soit la lumière qui vous éclaire dans ces jours de malheurs, et que votre zèle vous rende comme des affamés pour la gloire et l'honneur du Dieu Très-Haut. Combattez, enfants de lumière, vous petit nombre qui y voyez, car voici le temps des temps, la fin des fins, etc.

« Voici le règne des dix rois ; malheur aux habitants de la terre !

« Il y aura des guerres sanglantes et des famines, des pertes et des maladies contagieuses. Il y aura des pluies d'une grêle effroyable d'animaux, des tonnerres qui ébranleront des villes, des tremblements de terre qui engloutiront des pays. On entendra des voix dans les airs. Les hommes se battront la tête contre la muraille ; ils appelleront la mort, et la mort fera leur supplice. Le sang coulera de tous côtés : qui pourra vaincre ?

« Le feu du ciel tombera et consumera trois villes ; tout l'univers sera frappé de terreur, et beaucoup se laisseront séduire parce qu'ils n'ont pas adoré le vrai Christ vivant parmi eux.

« Le soleil s'obscurcit ; la foi seule arrivera... Voici le temps, l'abîme s'ouvre ; voici le roi des rois des ténèbres, voici la bête avec ses sujets (10). »

(10) A la suite de ces mots, Mélanie, dans sa lettre à M. Bliard, a mis entre parenthèses et comme explication ces autres mots : « Ne se passera pas deux fois cinquante. » Ce qui veut dire probablement que de 1846, année de la manifestation des

2º Supplément au Secret de Mélanie.

Le lecteur ne lira pas sans intérêt une communication complémentaire faite par la sœur Marie de la Croix. Elle se rapporte à la crise actuelle et fut

Secrets, à l'époque où éclatera la grande persécution de l'Antechrist, il ne s'écoulera par un siècle, ou *deux fois cinquante ans*, cela est d'accord avec nos calculs. Cependant, dans sa lettre à M. Cloquet, Mélanie dit : « On doit écrire ceci, *rien de plus* : « Voici le roi des rois des ténèbres, voici la bête avec ses sujets. »

Pour quelle raison Mélanie fait-elle cette suppression ? Est-ce pour ne pas effrayer le monde par la proximité du règne de l'Antechrist ? A Mélanie d'expliquer la cause de cette suppression. Ce document se termine par les lignes suivantes :

A M. l'abbé Félicien Bliard :

« Mon Révérend Père, je livre entre vos mains cette partie du Secret que j'ai reçu de la Sainte Vierge, le 19 septembre 1846, laquelle maintenant ne doit plus être secrète.

« Vous en ferez ce que bon vous semblera devant Dieu et devant les hommes.

« Donné à Castellamare, ce 30 janvier 1870.

« MÉLANIE MATHIEU,

« Bergère à la Salette. »

A M. l'abbé Cloquet :

« Cette partie de mon Secret est bien la copie de celle que j'ai donnée à M. F. Bliard.

Ce 22 septembre 1871.

« SŒUR MARIE DE LA CROIX, »

« Bergère de la Salette. »

imprimée pour la première fois dans notre 1re édition. Nous la tenons d'un saint prêtre, qui l'a reçue de Suisse, comme reproduisant une copie recueillie par le R. P. Édouard, religieux dominicain. Le voici telle que nous la trouvons dans une lettre du 5 septembre 1871 :

« Après avoir parlé de tous les malheurs arrivés
« jusqu'à ce jour, Mélanie parle d'une persécution
« qui sévira pendant la guerre civile. La guerre
« civile éclatera après cette guerre d'extermination »
(*de* 1870 *sans doute*) « et Garibaldi en sera le chef.
« Cette persécution sévira principalement contre les
« prêtres et les religieuses d'Italie. Le Pape ne sor-
« tira pas de Rome quoi qu'il arrive : il ira jusqu'à
« la consommation de son sacrifice, malgré son
« immense douleur. Dieu ne fera pas miséricorde,
« parce que l'on ne se tourne pas sincèrement vers
« lui. L'oblation sainte, seule, pourrait apaiser la
« colère de Dieu ; mais le s. 96. 12. s 9 ✝ 9. 6. 0.
« 6. ✝ 3. est si mal offert, et par des cœurs si mal
« disposés, que Dieu ne peut qu'être irrité davantage.
« Les p 9. 3. 2. 9. 3. 6 seuls attirent la colère de
« Dieu sur l'Église. Ceux qui offrent 1. 3. 691. 12.
« s 9 ✝ 9. 6. 0. 6. ✝ 3. dignement sont en si petit
« nombre qu'ils auront peine à fléchir la colère de
« Dieu. »

3º Les Autorités en contradiction.

Naguère, on nous apprenait que Mgr l'évêque de G... venait de prononcer un discours sur la sainte Montagne des Alpes. Mgr P..... aurait affirmé que les Secrets de la Salette sont toujours *secrets*, et que tout ce qu'on en avait publié était *faux*. Or, deux lettres du R. P. Supérieur des Missionnaires de la S., lettres communiquées à un saint prêtre de nos amis, affirment positivement le contraire. Parlant de cette singulière contradiction à une personne très-honorable de G., elle nous dit : « Il est fâcheux que le vénéré prélat n'ait pas été renseigné par M. O. son vic. gén., qui connait le Secret de Mélanie, et par M. Dausse qui a la minute du Secret de Maximin ; ou par l'archevêque de Lyon, ou par M. Girard qui a publié une remarquable brochure sur les *Secrets de la Salette*, brochure si véridique qu'elle a mérité une approbation romaine des plus flatteuses. »

Hélas! devant une pareille contradiction, nous devons avouer bien haut, que depuis longtemps le monde catholique s'accorde à répéter qu'il est réellement absurde de ne pas divulguer les Secrets des deux bergers de la Salette, par un magistral et courageux mandement épiscopal..... Combien de temps l'humain voudra-t-il donc encore l'emporter sur le divin ?

Prophétie Carthusienne dite de Prémol.

De cette remarquable prophétie, nous allons réimprimer ici, et avec de nouvelles interprétations, toute la partie concernant l'époque actuelle et qui précède le fragment final cité plus haut. Seulement nous omettons ce qui a rapport à la révolution romaine de 1848 expliquée dans notre premier volume; puis le passage relatif au Concile, « le chandelier qui porte le flambeau, » parce que nous en avons donné un commentaire dans le second volume de l'*Avenir dévoilé*.

Un respectable ecclésiastique du diocèse de Grenoble nous ayant envoyé, en 1871, une copie complète du texte le plus authentique, nous corrigeons le nôtre qui fut tronqué, dans quelques endroits, par l'inadvertance des copistes par lesquels la pièce nous est parvenue dès l'année 1867.

TEXTE.

« ... Le lys » (*Louis XVIII*) « venait de reparaître après la chute de l'Aigle, » (*Napoléon Ier*) « sur le rocher » (*de l'île Sainte-Hélène,*) » lorsque « l'Esprit » (*céleste*) « me montra les douze Apôtres placés sur les douze signes du Zodiaque, bénissant Dieu et chantant ses louanges; et l'arc-en-

« ciel s'élevait au-dessus de leur tête comme une
« auréole commune soutenue par la main des an-
« ges ; et Judas était au centre du cercle, au milieu
« des apôtres, blasphémant, et les monstres de
« l'enfer étaient sous ses pieds. Et voilà que l'Esprit
« me dit que le triangle de Dieu » (*la gloire du Très-
Haut, son œil, sa Providence*) « allait parcourir les
« signes, et se reposer sur la tête des apôtres et que
« chaque repos serait une époque marquée par le
« nombre de Dieu et par celui de l'apôtre, et que
« grands bruits et révolutions se feraient par la
« terre jusqu'au jour où il arrêterait sa course ;
« mais malheur, trois fois malheur lorsqu'il passera
« sur la tête de Judas, car c'est alors qu'il y aura des
« pleurs et des grincements de dents, et que la terre
« criera : Merci ! jusqu'au jour où il fera entendre sa
« voix du haut du Sinaï » (*le Concile sous* Lumen in
cœlo) « pour rassembler les brebis du troupeau »
(*de l'Église catholique*). « Malheur, trois fois mal-
« heur encore à ceux que ne toucheront pas les si-
« gnes » (*les avertissements*), « du Seigneur, car
« pour eux le jugement » (*la justice vengeresse*)
« sera terrible.

« . . . .

« Et voilà que je vis les vainqueurs de Jérusalem »
(*la sacrilége invasion de Rome par l'armée italienne,
le 20 septembre 1870*) « remplacer l'arche » (*le gouvernement paternel du Roi-Pontife*) « par le veau

« d'or, » (*le gouvernement du soi-disant royaume italien, qui représente l'idolâtrie des passions, le culte de la matière, l'impiété révolutionnaire et philosophiste, le paganisme moderne flanqué de libéralisme et de socialisme diaboliques,*) « et ils se prosternaient « à ses pieds et ils l'adoraient » (*comme réalisant les aspirations italianissimes rêvées par Cavour*). « Son « ventre seul était d'or » (*parce que Victor-Emmanuel descend de souche royale*) « et le reste était « chair, » (*car les hommes du gouvernement subalpin sont ennemis de Dieu et plongés dans l'aveuglement de l'esprit : ils lâchent la bride à toutes les passions et à tous les principes de l'antichristianisme,*) « et le « ventre était son bouclier » (*comme ayant une apparence de royauté dans le roi galant homme*), « et des traits étaient lancés contre lui » (*par les protestations des défenseurs du droit et de la cause catholique*), « mais ils ne pouvaient l'atteindre » (*par suite de la complicité des États de l'Europe et de la plupart des diplomates accrédités près du gouvernement italien*). « Et il n'y avait pas encore un signe de plus « qu'une peste effroyable » (*la variole*) (1) « rava-

---

(1) Voici ce que Mgr Pecci de la Ville-Sainte, écrivait à l'Écho de Rome (N° du 3 février 1872, p. 372) : « L'épidémie de la variole étend particulièrement ses ravages sur les pauvres, et elle se présente sur quelques points avec un caractère horrible qui rappelle la peste si meurtrière dont Boccace nous a laissé une effrayante description. »

« geait la cité » (*de Rome*), « et le fléau de Dieu s'appe-
« santissait sur la terre » (*en France et ailleurs*). « Et
« la corruption » (*des hommes*) « allait croissant et
« s'étendait en marais sur la plaine » : (*dans le
monde*), « et les hommes se changeaient en reptiles
« et se baignaient et vivaient dans ces eaux fan-
« geuses » (*affaissement de la vie morale par l'habitude du péché et le mépris des lois de Dieu et de l'E-
glise*), « et d'autres se changeaient en oiseaux »
(*s'efforçaient de planer dans les régions supérieures
du monde moral et religieux*) « et prenaient leur

Michel de Nostredame s'accorde on ne peut mieux avec le
texte du voyant du Prémol, dans le quatrain suivant :

 Bien près du Tymbre presse la Libytine,
 Ung peu devant grand innondation :
 Le chef du nef prins, mis à la Sentine.
 Chasteau, palais en conflagration. (*Cent. II, quat. 93.*)

Glose. Peu de temps après une grande inondation du Tibre
(*Tymbre*, par épenthèse ; l'inondation de 1870-71, qui pendant
quatre mois envahit plusieurs quartiers de Rome), la mort (*la
libytine* : la variole et les nombreux cas de mort subite,) mois-
sonne (*presse*, s'appesantit sur) les hommes, dans Rome et ses
environs (*bien près du Tymbre*). Le chef de la Barque de Pierre
(*du nef*, navire), Pie IX prisonnier (*prins*, pris, captif) au Vatican, est comme relégué (*mis*) à la sentine du vaisseau de
l'Église. Le château Saint-Ange (*chasteau*) et le Palais des Papes
(*palais*, le Vatican) sont incendiés (*en conflagration*) par les
démagogues, ainsi qu'il est prédit aussi par le chartreux de
Prémol et Saint-Vincent, comme on le verra plus loin. Ceci
explique la prophétie d'Anna-Maria relative aux *débris d'édifices*.

« vol » (*par la pratique des vertus chrétiennes*) « vers
« la Montagne » (*de Dieu, l'Église romaine, heureux
qu'ils sont de multiplier leurs protestations de dévouement, de fidélité et d'amour à l'auguste prisonnier du Vatican, l'héroïque Pie IX,*) « pour fuir les eaux
« montantes » (*de l'impiété et des turpitudes du XIXᵉ siècle*), « et ils y attendaient, la rage » (*chrétienne*)
« dans le cœur, la venue du Dragon » (*la révolution*) « qui doit boire le lac » (*de la colère de Dieu:
l'enfer*). « Et je les vis se grossissant sur la Monta-
« gne, » (*les amis de l'ordre et de la religion se multiplient;*) « et l'Esprit me dit: « En vérité je vous le
« dis, le jour où le Triangle s'arrêtera sur la tête
« de Judas, les aiglons » (*les forts et les vigoureux
dans la foi s'armeront,*) « se précipiteront de
« la montagne pour dévorer les habitants de la
« plaine » (*des bas-fonds sociaux: les impies et les
méchants*). « Malheur! trois fois malheur! car ce
« jour approche et le nombre de Judas l'annonce
« avec le nombre de Dieu. »

« Et je vis, en effet, que tout était rouge de sang
« autour de Judas, et je frémis; et mes yeux se
« fermèrent et je ne vis plus rien... Mais j'entendais
« l'Esprit, et le Triangle parcourait les signes, et
« l'Esprit me disait: « Toute chair périra, et la chair
« de l'idole » (*le veau d'or italien*) « périra aussi, et
« non-seulement sa chair mais encore son ventre »
(*la royauté de Victor-Emmanuel*), car le temps ap-

« proche que le ventre s'affaissera dans la pourriture
« de la chair » (*c'est-à-dire que cette royauté s'affaissera dans les abaissements et les abominations démagogiques, lorsque Victor-Emmanuel sera assassiné, ou détrôné, comme l'annoncent plusieurs prophéties*)
« et que la main » (*patiente et miséricordieuse de Dieu*) « le fuira » (*l'abandonnera à la fureur des sociétés secrètes*); « et cela aura lieu à la voix du
« Sinaï » (*par des vengeances divines manifestes*).
« et ce sera le premier signe après les épouvante-
« ments de Judas, et ce premier signe sera le com-
« mencement de la fin » (*du règne des méchants*),
« car la fin » (*des malheurs*) « approche. Mais que
« la terre ne tremble pas, » (*que les fidèles aient confiance !*) « Dieu sera béni. Amen. »

« Et l'Esprit souffla sur mes yeux, et j'aperçus
« le veau d'or au milieu de ses serviteurs » (*toute la tourbe italianissime et démagogique*). « Et il avait
« deux cornes » (*représentant une double force*); « celle
« de droite était fort grande » (*la puissance de Napoléon III qui a fait l'unité italienne*), « et l'on
« brûlait de l'encens autour d'elle » (*les flagorneries de la mauvaise presse et des partisans de l'unité italienne*); « et celle de gauche ne faisait que pous-
« ser, » (*elle figure la France Républicaine du 4 septembre 1870,*) « et ces deux cornes étaient deux
« cornes d'abondance » (*pour soutenir le royaume italien*), « et ces deux cornes contenaient toutes les

« espérances » (*des italianissimes et des démagogues*).
« Et le Triangle s'était arrêté, et il n'avait plus que
« trois signes à parcourir avant de passer sur Judas,
« et voilà que la grande corne se brise contre le
« pavé des murailles » (*Napoléon III à Sedan*) « et
« que l'épouvante règne dans la cité, » (*de Rome.
Les différents tableaux qui se présentent à la vue du
prophète ne lui permettent pas de toujours suivre
l'ordre chronologique des événements. Ainsi la catastrophe de Sedan ne se déroule devant ses yeux
qu'après la brèche de la Porta Pia*). « Puis je vis
« une colombe noire » (*l'Église, la Papauté en
deuil par la spoliation de la ville sainte, des couvents, etc.*) « qui tenait, en ses mains, » (*sa puissance spirituelle*) « une croix renversée » (*autre
signe du deuil de l'Église*), descendre sur la petite
« corne et la couvrir de ses ailes. » (*La petite corne
c'est la France qui, malgré sa complicité avec l'Italie, malgré l'abandon de son poste d'honneur, est toujours la fille aînée de l'Église. Les ailes de la Colombe qui couvrent la petite corne symbolisent les
affections et les prédilections de Pie IX pour la
France que Dieu ne châtie si rigoureusement que
pour la rendre digne de redevenir le soldat de l'Église,
car n'en doutons pas, la France est l'instrument providentiel qui opérera, à l'heure marquée par la
volonté divine, la restauration glorieuse de la royauté
Pontificale.*) « Cependant une autre grande corne »

(*figurant la Prusse*) « sortait rapidement du front
« du veau d'or, » (*l'entente cordiale entre la Prusse
et l'Italie n'est que trop évidente au moment où
nous écrivons, aussi nous attendons leur alliance
officielle,*) « et la colombe s'envola, » (*c'est un signe
des craintes et des anxiétés de l'Église*), « et le
« veau d'or secouait la tête comme pour s'assurer
« de sa nouvelle défense, et il se croyait puissant
« et fort. Mais l'esprit de ténèbres était en lui. »
(*Il est évident que Victor-Emmanuel et son piteux
gouvernement sont englobés dans d'affreuses ténèbres
morales*). « Et l'Esprit me dit : « La grande corne »
(*Napoléon III*) « est brisée, c'est un présage, mais
« l'homme ne croit pas » (*aux avertissements providentiels*), « et l'autre grande corne » (*la Prusse*)
« ne pourra défendre l'idole » (*du veau d'or italien*)
« contre ses ennemis, » (*des sociétés secrètes, notamment
l'Internationale*), « elle sera renversée et brisée, et
« ses débris seront dispersés » (*dissolution de l'empire allemand*), « et la petite corne » (*redevenue la
vraie France dévouée à la cause du Pape*) « tuera le
« deuxième-né du Dragon » (*la république qui sera
proclamée après la chute ignominieuse de Victor-
Emmanuel,*) « et cela aura lieu au premier signe
« après Judas, quand la colombe aura redressé sa
« croix et que la lumière viendra de l'Orient » (*sous
le règne de* Lumen in cœlo *successeur de Pie IX et
par l'épée de Henri V.*)

« Mais le Triangle avait fait deux pas, et un trem-
« blement de terre » (*une révolution*) « secoua
« Jérusalem » (*Rome*) « jusque dans ses fonde-
« ments, et renversa l'idole » (*la monarchie italianissime, le Roi Victor-Emmanuel,*) « que ses ado-
« rateurs abandonnèrent en lui criant : Raca ! »
(*Vaurien! en syriaque, raca veut dire : vide, sans
cervelle*) « car le premier-né du Dragon » (*de la
Révolution romaine de 1848, voir l'Avenir dévoilé,
1er vol. p. 7-8,*) « s'était levé des entrailles de la
« terre, et son regard fascinait les hommes, et son
« souffle embrasait tout. » Encore un signe et le
« Dragon » (*la Révolution*) « périra à son tour, me
« dit l'Esprit, car l'Archange Michel » (*figurant le
parti des bons, des défenseurs des droits de Dieu,
de l'Église et de la royauté légitime,*) « le combat
« en tous lieux; et déjà il n'a plus qu'un seul re-
« paire, » (*c'est l'Angleterre, Londres, où les restes
de la démagogie se réfugieront après l'avénement
d'Henri V, et où éclatera une révolution plus
affreuse que celle française, comme le texte le dit
plus loin, ce qu'a prédit aussi le père Necktou;*)
« et il sortira de ses flancs, comme Jonas du ventre
« de la baleine, le Captif qui doit lui écraser la tête. »
(*Ce passage est applicable à Henri V, né à Paris,
foyer central,* « flancs » *de la révolution; à Henri V,*
« captif », *exilé pendant plus de quarante ans; à
Henri V, dont la naissance fut miraculeuse comme*

la sortie de Jonas du ventre de la baleine; à Henri V qui écrasera le révolutionarisme dans tous les États de l'Europe, et en dernier lieu en Angleterre : « *ce sera la France, dit la prophétie du père Necktou, qui aidera l'Angleterre à rentrer dans la paix.* »

— *Voir notre 1ᵉʳ volume p. 132. — Ce captif représente donc bien le même personnage que le beau jeune homme monté sur un lion qui met le pied sur la tête du Dragon, et dont il est parlé dans le premier fragment de la prophétie Carthusienne, rapporté ci-dessus au n° 14 du paragraphe XII.*)

« Encore un signe et le Dragon périra, mais encore
« un signe et il dévastera la terre, car il parcourra
« le monde tant que le Triangle restera sur Judas,
« et il ne s'arrêtera que devant la lumière » (*se faisant dans les esprits par des coups extraordinaires, supernaturels,*) « qui le chassera comme elle chasse
« les ténèbres. Or, l'aurore commencera quand le
« Triangle quittera Judas, » (*c'est-à-dire après le règne de l'antipape que le Prophète annonce plus loin*).

« Et le Triangle ayant fait un pas, je vis la tem-
« pête qui agitait au loin les vagues de la mer, »
(*c'est-à-dire la tempête occasionnée par la question si opportune de l'infaillibilité du Pontife romain, et déchaînée furieusement par les oppositions scandaleuses du gallicanisme et du libéralisme, et par la complicité des Cours de l'Europe,*) « et l'Archange

« planait sur les nues, » (*les vrais amis et défenseurs de l'Église triomphaient par la définition dogmatique de l'infaillibilité du Pape, en matière de foi et de mœurs, comme docteur suprême de la catholicité et premier représentant de l'autorité de Dieu dans l'humanité. Cette promulgation fut faite solennellement au sein du Concile du Vatican, le 18 juillet 1870*), « et le Dragon » (*la Révolution*) « se tordait » (*de rage*) « en tronçons » (*en groupes pour conspirer*) « sur la terre. Et je vis sur le som-
« met de Jérusalem » (*à la tête de l'Église universelle et de la ville de Rome*) « un ver luisant d'un
« éclat remarquable. » (*Il désigne le Pontife infaillible : Pie IX le Grand.*)

« Ah! Seigneur! vos secrets sont impénétrables.
« Que signifie ce chandelier à sept branches » (*la généralité des puissances de l'Europe*) « que je vois
« s'avancer avec ses sept torches » (*figurant les souverains*) « dont la lumière » (*sophistiquée par les doctrines modernes*) « semble vouloir éclipser
« l'éclat du point » (*l'infaillibilité du Pape*) « qui
« brille au sommet du temple » (*de l'Église catholique*) « et forcer » (*par leur hostilité au décret du Concile du Vatican*) « le ver à rentrer sous terre? » (*dans les catacombes, comme aux premiers siècles du christianisme*). « Mais que vois-je? La torche la
« plus grande et la plus ardente » (*Napoléon III*)
« tombe et s'éteint » (*à Sedan*), « et les autres »

(les Allemands prussianisés et les Italiens partisans de Rome capitale), « s'en réjouissent et se dis-
« putent sa place. Et voici les branches du chande-
« lier qui s'entrechoquent, » *(les armées allemandes
et françaises se combattent, en 1870-71, et les
troupes italiennes luttent contre les troupes ponti-
ficales, en septembre 1870)*, « et les étincelles volti-
« gent sur les épis » *(le feu de la guerre sur les
hommes)*. « Grand Dieu! l'incendie dévore les mois-
« sons » *(les propriétés)*, « l'orage gronde, la foudre
« éclate avec fracas. » *(Ces expressions s'entendent
au figuré pour les engins de guerre.)* « Et je vois
« les tronçons épars du Dragon » *(la révolution cos-
mopolite)* « qui se réunissent » *(à Paris)*. « Ah! Sei-
« gneur! votre Triangle se repose maintenant sur
« Judas. Seigneur, Seigneur, arrêtez votre colère!
« Par quels signes voulez-vous donc manifester
« votre puissance ? »

« L'Archange est remonté vers les cieux » *(comme
s'il ne voulait plus protéger la France)* « et le Dra-
« gon lève la tête et fait entendre des sifflements
« affreux. » *(Insurrection parisienne du 18 mars
1871; le règne de la hideuse Commune.)* « Et les
« loups affamés » *(les communards)* « se précipi-
« tent de la montagne » *(démagogique de Belleville
et de Montmartre)* « et viennent dévorer les mou-
« tons » *(les honnêtes gens de Paris)* « qu'ils dé-
« chirent jusqu'au milieu des étables » *(des habita-*

— 171 —

tions). « Et les hommes épouvantés s'enfuient de
« tous côtés, emportant leurs trésors, » *(la réalité
est assez connue!)* « et ils sont accablés sous le poids
« de leurs trésors, et ils tombent sur les chemins.
« Quel carnage! ô mon Dieu! le sang coule à flots
« dans le lit du Jourdain » *(la Seine)*, « qui roule
« des cadavres, des crânes brisés et des membres
« épars! Et les vagues de la mer, teintes de sang,
« s'en vont aux rivages lointains épouvanter les
« nations » (*Tout cet alinéa renferme l'histoire de
la* TERREUR *de 71.*)

« N'est-ce pas assez, Seigneur, d'une pareille
« hécatombe pour apaiser votre colère? Mais non!
« Quel est donc ce bruit d'armes, ces cris de guerre
« et d'épouvante qu'apportent les quatre vents?
« Ah! le Dragon s'est jeté sur tous les États, et y
« porte la plus effroyable confusion. Les hommes et
« les peuples se sont levés les uns contre les autres!
« Guerre! guerre! guerres civiles! guerres étran-
« gères! quels chocs effroyables! tout est deuil et
« mort et la famine règne aux champs! Jérusalem,
« Jérusalem, » *(Rome)* « sauve-toi du feu de So-
« dome et de Gomorrhe et du sac de Babylone! »
(*Avertissement au clergé et aux fidèles de Rome et
aussi de Paris qui recevra un nouveau châtiment lors
du retour des Prussiens, comme le dit notamment le
Curé d'Ars.*)

« Eh! quoi, Seigneur! votre bras ne s'arrête pas?

« N'est-ce donc pas assez de la fureur des hommes
« pour tant de ruines fumantes ? Les éléments
« doivent-ils encore servir votre colère ? » (*tremblements de terre*). « Arrêtez, Seigneur, arrêtez ; vos
« villes s'abîment d'elles-mêmes. » (*Plus haut nous avons nommé Lyon et Marseille.*) « Grâce ! grâce
« pour Sion ! » (*Rome.*) « Mais vous êtes sourd à
« nos voix » (*aux prières des catholiques*), « et la
« Montagne de Sion « (*le Saint-Siége de Rome*)
« s'écroule avec fracas. La croix du Christ ne do-
« mine plus qu'un monceau de ruines ; et voici
« que le roi de Sion » (*le Pape* Lumen in cœlo)
« attache à cette croix » (*symbole du christianisme qui, par Rome, gouverne le monde catholique,*) « et
« son sceptre » (*de la souveraineté temporelle*) « et
« sa triple couronne » (*la tiare, figurant la triple dignité de Père, de Pontife et de Roi*) ; « et,
« secouant sur les ruines » (*du Vatican*) « la pous-
« sière de ses souliers, se hâte de fuir vers d'autres
« rives » (*en France, à Avignon, comme il est expliqué dans le 2ᵉ volume* de l'AVENIR DÉVOILÉ) (1).

(1) Le dimanche 14 janvier 1872, l'Aigle de Poitiers prononçait, dans son église cathédrale, une sublime homélie en l'honneur de la fête de saint Hilaire. En rappelant le passage où ce saint Docteur commente le tremblement de terre arrivé à la mort du Sauveur, Mgr Pie s'écriait : « La terre fut ébranlée, parce qu'elle n'était pas capable de contenir un tel mort : *Terra movetur : hujus enim mortui capax non erat.* Ce qui est arrivé à la mort du Christ arriverait encore, si son Vicaire,

« Et toi, superbe Tyr » (*Londres, l'Angleterre*) « qui échappes encore à l'orage » (*du continent*), « ne te réjouis pas dans ton orgueil. L'éruption du « volcan qui brûle tes entrailles approche » (*par le triomphe de l'Internationale*) ; « tu tomberas plus « avant que nous » (*les Français*) « dans le gouffre » (*de la colère de Dieu*).

« Et ce n'est pas encore tout, Seigneur ! votre « Église est déchirée par ses propres enfants. Les « fils de Sion » (*cardinaux, évêques, clergé, laïques de Rome*) se partagent en deux camps : l'un fidèle au « Pontife fugitif » (LUMEN IN CŒLO, *non encore confirmé par l'apparition céleste*), « et l'autre qui dispose « du gouvernement de Sion » (*l'Église*), « respectant « le sceptre, mais brisant les couronnes » (*que porte légitimement le Ier successeur de Pie IX*), « et qui

mort civil de la société moderne, était forcé par les attentats révolutionnaires de quitter le lieu où Dieu l'a établi. Ce serait le signal d'une commotion formidable, telle qu'on n'en a jamais vu. Le monde serait ébranlé, parce qu'il ne serait pas capable de contenir ce grand mort : *Movetur terra, hujus enim mortui capax non erat.* — Ce malheur est possible ; mais ayons confiance ! après le tremblement de terre du Calvaire, il y en eut un autre plus grand et plus profond : le tremblement de terre de la Résurrection : *Et ecce terræ motus est magnus factus.* Présentement c'est l'heure du Calvaire ; mais la Résurrection est proche. Allez à Rome dans quelques années, et vous y verrez le Pontife-Roi dans les hauteurs divines où le Christ l'a placé, et de là bénissant la Ville et le monde. »

Ami lecteur, dites cela bien haut à tout votre entourage, fervent, tiède ou froid pour les choses de Dieu...

« place la tiare mutilée sur une tête ardente » (*l'antipape* Ignis ardens), « qui tente des réformes que le
« parti opposé repousse ; et la confusion est dans le
« sanctuaire » (*le haut clergé, les prêtres ; Madeleine
Porsat annonce aussi un schisme ainsi que les prophéties de saint Thomas et de saint Vincent*). « et voilà
« que l'Arche sainte » (*l'Église*) « disparaît ! Mais
« mon esprit s'égare et mes yeux s'obscurcissent à
« la vue de cet effroyable cataclysme » (*convertissant
ou exterminant les méchants*). « Mais, me dit l'Esprit,
« que l'homme espère en Dieu et fasse pénitence,
« car le Seigneur tout-puissant est miséricordieux,
« et tirera le monde du chaos, et un MONDE NOUVEAU
« COMMENCERA. » (*Terme du désordre socio-politico-
religieux.*)

« Et l'Esprit souffla sur mes yeux, et le Triangle
« de Dieu avait quitté Judas, et il se trouvait au
« premier signe. Et je vis un homme d'une figure
« resplendissante comme la face des anges, monter
« sur les ruines de Sion. « (*C'est* LUMEN IN CŒLO.)
« Une lumière céleste descendit du ciel sur sa tête,
« comme autrefois les langues de feu sur la tête des
« Apôtres, et les enfants de Sion » (*de l'Église et de
Rome*) « se prosternèrent à ses pieds, et il les bénit ;
« et il appela les Samaritains et les Gentils » (*les
hérétiques schismatiques,* etc.), « et ils se convertirent
« tous à sa voix. »

« Et je vis venir de l'Orient » etc. (*Voir ci-dessus,*

paragraphe XII n° 14, toute la suite du texte qui se termine en ces termes :

« Puis j'aperçus à l'horizon un feu ardent, et ma vue se troubla, et je ne vis et je n'entendis plus rien. Et l'Esprit me dit : « Voici le commencement de la fin qui commence, » (*c'est-à-dire la fin des derniers temps, le septième âge de l'Église, lequel d'après l'opinion commune des interprètes, commencera avec le règne de l'Antechrist.*)

« Et je m'éveillai épouvanté » (*en apercevant l'apostasie de la Foi chrétienne ravageant toutes les nations, sous le règne infernal de l'Antechrist personnel, dont le vaste empire universel se formera par l'entente générale de nouveaux et nombreux révolutionnaires*).

Prédictions de la Stigmatisée d'Oria.

Une humble veuve nommée Palma-Maria-Addolorata Matarelli, âgée d'environ quarante-sept ans et habitant la ville épiscopale d'Oria, province de Lecce, dans la Pouille près de Naples, est favorisée des dons de bilocation et de prophétie et du rare privilége de porter les sacrés stigmates. Cette femme extraordinaire jouit d'une haute réputation de sainteté et d'un grand crédit sur le cœur de Dieu en faveur des pécheurs ; elle parle des événements futurs avec la même sûreté que des faits présents. Vers 1863, elle déclarait qu'elle souffrirait beaucoup pour apaiser la colère de Dieu qui voulait détruire la ville d'Oria par un tremblement de terre. En effet, le Seigneur assura à la vertueuse Palma que ses douleurs et ses supplications avaient désarmé sa justice ; que cependant la secousse aurait lieu, mais n'occasionnerait aucun mal ; ce que l'événement ne tarda pas à confirmer. Nous tenons à mentionner ce fait pour affirmer une fois de plus, que l'exécution des prophéties annonçant des châtiments, est toujours subordonnée à la puissance du contre-poids des iniquités de la terre, c'est-à-dire aux prières, aux pénitences et aux bonnes œuvres que les âmes d'élite déposent dans la balance de la justice divine.

Les annonces prophétiques de Palma sont exactement transmises au Saint-Père. Des lambeaux en ont été divulgués ; ils parlent 1° de l'avénement de la république en France, en Espagne et en Italie ; 2° de la guerre civile qui éclatera ensuite dans ces contrées, en même temps que d'autres châtiments tels que la peste et la famine, comme l'annonce le voyant de Prémol ; 3° du massacre des prêtres et de quelques dignitaires de l'Église et des épreuves que la Ville-Sainte endurera par la fureur des méchants ; 4° de l'extermination de ceux-ci ; 5° de la destruction de Paris ; 6° de l'infection de l'air par le démon et de l'usage de cierges bénits pour servir de moyen préservatif contre ce fléau, qui est le même que celui des ténèbres pestilentielles annoncées par la Vén. Taïgi ; 7° de prodiges supernaturels qui paraîtront dans le ciel ; 8° et d'une guerre, d'assez courte durée, suivie de la paix du monde et du triomphe de l'Église.

Au mois de Mars 1872, il circulait à Rome une note prophétique apportée d'Oria. Les plus saints personnages la lisaient très-anxieusement. *L'Univers et l'Écho de Rome* en ont donné une petite tartine, qui paraît concorder sur plusieurs points avec la prophétie précitée du saint curé d'Ars, et avec d'autres textes du présent opuscule.

Au dire des reporters, Palma aurait vu dans le ciel une grande croix d'où sortaient huit rayons tombant sur la terre. Quatre de ces rayons étaient de miséricorde quatre de justice. Les rayons de miséricorde, éclairaient l'Orient et l'Occident, c'est-à-dire la Turquie d'un côté, de l'autre l'Amérique : au centre l'Angleterre et les pays polonais et russes. Les rayons de justice frappaient la France, l'Allemagne, l'Espagne et l'Italie.

Puis Palma aurait dit qu'au mois de Juillet prochain (1872) l'Espagne, la France et l'Italie entreraient dans une phase de bouleversements horribles. Les royautés d'emprunt des deux péninsules ibérique et italienne seraient renversées. Sous le prétexte de rétablir l'ordre social et de relever ces monarchies, surtout celle *Savoyarde*, qui a toutes les sympathies de la Prusse, en attendant l'alliance italo-prussienne, les armées allemandes envahiraient de nouveau la France et Paris serait châtié encore une fois et pris. On ne dit pas comment, mais il est vraisemblable que ce serait à la suite du siége de la ville. Alors des luttes sanglantes épouvanteraient le monde ; la Russie s'unirait à la France ainsi que l'Amérique, l'Angleterre et plus tard l'Autriche. Les champs de bataille de l'Italie se couvriraient de morts allemands, russes, français et italiens. Après des alternatives redoutables, les Prussiens seraient vaincus, écrasés partout et peu d'entre eux retourneraient dans leurs foyers. Henri de France serait proclamé Roi, et Pie IX *rentrerait* à Rome pour y jouir des premiers jours du triomphe de l'Église.

Si cette communication est authentique, il serait évident que Pie IX s'éloignera de Rome. Le prophète de Prémol dit bien que « le roi de Sion » prendra le chemin de l'exil, et un texte attribué à Anna-Maria Taïgi le dit aussi. Mais comment Pie IX verrait-il le triomphe de l'Église, puisqu'un antipape sera élu avant ce triomphe et vraisemblablement après sa mort ?

A ce propos, un docteur en théologie, très-versé dans la science mystique, fait de graves réflexions ;

mais il ne veut pas les approfondir, parce que la question est pleine de délicatesse. Il dit : « l'alma, l'extatique d'Oria, nous affirme que Pie IX verra le triomphe de l'Église. Mais dans quel sens et de quelle manière faut-il entendre les paroles révélées concernant ce fait ? Moïse a vu la terre promise : avant de mourir, Dieu a voulu lui donner cette consolation ; mais il l'a vue du haut de la montagne, et il n'y est point entré, car il est mort là par la volonté de Dieu.

« L'auguste Pie IX peut voir le triomphe de l'Église de bien des manières. Il peut le voir, comme l'archevêque de Paris a vu la fin du règne tyrannique et oppresseur de la Commune. Du haut de la croix du Calvaire, Notre-Seigneur a vu la destruction du règne de Satan, il a vu les légions infernales précipitées dans l'enfer et son règne assuré, mais c'est précisément par cette mort sanglante de Victime universelle qu'il a pu chanter le cri de la victoire. »

Prophétie de Madeleine Porsat.

Cette fille, humble paysanne illettrée et âgée, est domestique depuis plus d'un demi siècle de la famille Labbe, à Saint-Jean-de-Bournay (Isère). Elle parle des événements futurs avec l'autorité et l'exactitude d'un théologien ; elle annonce surtout des tremblements de terre. C'est depuis 1843, qu'elle est favorisée de révélations. Elle les a toujours exprimées dans les mêmes termes. En 1866, M. Laverdant, l'un des rédacteurs du *Mémorial Catholique*, a recueilli de la bouche même de Madeleine plusieurs de ses prédictions qu'il a publiées avec quelques commentaires dans la susdite Revue mensuelle, en 1866-68. Nous en extrayons les passages les plus importants.

TEXTE.

« Écoutez, mes enfants, dit la voyante, ce que Marie notre Mère me charge de vous annoncer :

« Voici la fin des temps. — Voici la fin du mal et le commencement du bien. Ce n'est pas un événement ordinaire, c'est une grande époque qui va s'ouvrir : la troisième (1). Après le Père qui nous a créés pour le connaître, l'aimer et le servir, après le

---

(1) « Trois temps de paix paisible seront avant la consommation du siècle dernier ; la paix de Dieu le Père, qui a été depuis la création du monde jusqu'au déluge ; la deuxième, de Notre-Seigneur qui fut sous l'empire d'Auguste, pendant la vie de notre Sauveur en son humanité au monde ; et la troisième, la paix du Saint-Esprit, qui sera universelle sous le règne du roi de France » *(Henri V)*, « ayant puni tous les tyrans de la terre ; car alors le Saint-Esprit vivra en tous chrestiens sans hérésie, mais bien en sainte charité. » *(Prophéties des saints Pères recueillies par Pirus au XVIIIe siècle ; — voir L'Avenir dévoilé, 1er volume, page 106.)*

Fils qui nous a sauvés, voici que le Père et le Fils, pour nous consoler, nous envoient leur Esprit triomphant, avec son Épouse Marie ! c'est un grand miracle. Marie vient du Ciel. Elle vient avec une légion d'anges. Il faut que les élus de la terre s'élèvent par électricité spirituelle, pour aller au-devant des envoyés de Dieu. Voici l'armée du Seigneur, beaucoup de saintes femmes, peu de saints Jean ! Et voici l'armure de Dieu : ni fusils, ni bâtons, ni verrous, ni chiens de basse-cour ! aucune force matérielle, aucun secours humain ! autres temps, autres mœurs.

« Je vous ai annoncé, il y a vingt-six ans, les sept crises, les sept plaies et douleurs de Marie qui doivent précéder son triomphe et notre guérison : 1° intempéries, inondations ; 2° maladies sur les plantes et sur les animaux ; 3° choléra sur les hommes ; 4° révolutions ; 5° guerres ; 6° banqueroute universelle ; 7° confusion. Les plaies précédentes ont été adoucies, grâce à Marie, qui a retenu le bras de son Fils. Voici la sixième plaie, la crise du commerce. Le commerce marche à sa fin parce que la roue n'a plus son pivot, la confiance.

« Entre la sixième crise et la septième, pas de repos : le progrès sera rapide. 89 n'a renversé que la France ; ce qui vient va être le renversement du monde. La septième crise aboutira à l'enfantement. Le monde croira tout perdu, anéanti !... Trouble immense sur la mer agitée » (*du monde*). « Tout ce qui n'est pas sur la Barque » (*de Pierre, le vaisseau de l'Église,*) « s'engloutit. La Barque fait çà et là. — Madeleine indique avec sa main le mouvement d'une embarcation dans la tourmente. — Pierre, » (*toujours vivant dans les Papes ses successeurs*), « aie confiance !... L'Arche » (*sainte de l'Église*) « sort de la tempête et la tranquillité se fait. Pie IX est le dernier Pape de l'Église opprimée : Croix des Croix. A lui la douleur et aussi la joie. Après lui, la délivrance, *Lumen in cœlo* : c'est l'œil de Marie ! Dans l'Église même on croira tout perdu. Marie arrive ! et voici la confusion, la confusion même parmi les prêtres. » (« *Et la confusion est dans le sanctuaire,* » *dit le voyant de Prémol.*) « Cependant c'est aux prêtres catholiques qu'on devra aller demander absolution et bénédiction (1).

— Quelqu'un ayant objecté à Madeleine qu'elle avait dit : « Pie IX est le dernier Pape... », elle répliqua : Pie IX est le dernier Pape d'une époque. Croyez-vous que Marie, qui vient, s'en va détruire l'œuvre de son fils ? Le Pape tient la place de Dieu

---

(1) Ce passage semble dire avec l'extatique d'Oria que Pie IX verra le commencement du triomphe. Cependant il renferme une contradiction, au moins apparente et qui serait sans doute une faute de rédaction, puisque le texte annonce que « la délivrance » aura lieu après Pie IX, et que, quand le règne de Marie arrivera par l'élection de *Lumen in cœlo*, le schisme éclatera. Or, le prophète de Prémol place cet événement dans le

sur la terre. Dans chaque diocèse, c'est l'Évêque; dans chaque paroisse c'est le Curé ; voilà le représentant de Jésus-Christ, comme la bonne et religieuse mère est l'image de Marie. Allez à vos Pasteurs; c'est Dieu qui les a posés. Mais malheur ! malheur aux mercenaires qui s'en vont du côté du siècle ! —

« Voyez-vous ce champ où il y a, parmi des plantes mauvaises, toutes sortes de blés gâtés, avec quelques beaux épis; c'est la société telle qu'elle est posée dans le mal. Que faut-il faire de cela ? Il ne faudrait pas laisser perdre les belles âmes. Les belles âmes sont les beaux épis. Eh bien, Marie va venir moissonner les élus de la terre. Quant aux âmes mauvaises, un grand événement » (*le grand coup miraculeux : les ténèbres,*) « doit les effrayer pour leur bonheur. Après quoi la puissante Marie changera toute la société en beaux épis. Tout deviendra bon. Les Pharisiens » (*les hypocrites*) « seront les derniers » (*à se convertir*). « Les grands bandits » (*les grands pécheurs*) « arriveront avant. Les Juifs

---

grand cataclysme et il dit que l'aurore du triomphe ne viendra qu'après le règne de l'antipape. Si maintenant on voulait admettre que ce sera Pie IX qui ira en exil et non pas *Lumen in cœlo*, il s'ensuivrait que celui-là aurait contre lui le faux pape à tête ardente prédit par le chartreux de Prémol. Et si le saint-siège doit rester vacant pendant une année, comme l'annonce saint Vincent, comment Pie IX pourrait-il voir le triomphe en 1873 ? Ce serait donc du haut de sa Croix, *crux de cruce*.

qui n'ont pas voulu reconnaître Jésus-Christ dans son abaissement, le reconnaîtront dans la venue glorieuse de Marie.

« La colombe » (*la paix, la grâce de Dieu par Marie*) « vient à nous du ciel, portant sur son cœur une croix blanche, signe de la réconciliation ; et agitant un glaive de feu, symbole de l'amour ; elle s'assied sur un trône d'or massif, figure de l'arche de Noé ; car elle vient annoncer la fin d'un déluge de maux.

« La voici venir, notre Mère ! L'Église prépare tout pour la venue glorieuse de Marie. L'Église lui forme une garde d'honneur, pour aller au-devant des anges. L'arc-de-triomphe s'apprête. L'heure n'est pas loin. C'est elle en personne ! Mais elle a ses précurseurs : de saintes femmes, apôtres, qui guériront les plaies du corps, ainsi que les péchés du cœur. Il sera donné à la femme sainte, image de Marie, de faire des miracles. Et puis vient Marie, pour faire place à son Fils dans son Église triomphante. Voici l'Immaculée Conception du règne de Dieu, qui précède l'avénement de Jésus-Christ. C'est la maison de Dieu sur la terre, qui va se purifier et se parer pour recevoir l'Emmanuel.

« Jésus-Christ ne peut point venir dans cette baraque du monde ! Il faut que Dieu envoie son Esprit et qu'il renouvelle la face de la terre par une autre création; pour en faire une demeure digne de l'Homme-Dieu.

« Voici, après le feu d'en bas » (*des pétroleurs et pétroleuses*) « pour tout brûler et remuer, voici le feu d'En-Haut, l'amour, pour tout embraser et transfigurer! Je vois la terre planifiée; » (*chacun est à sa place dans l'ordre social;*) « ses abîmes s'élèvent, ses montagnes s'abaissent; il n'y a plus que douces collines et belles vallées. » (*Images des vertus chrétiennes régénérant l'humanité.*)

« Depuis que je suis comme je suis, je ne vois devant nous qu'union, association, communauté. Tout le monde s'entr'aime; tout le monde s'entr'aide : on est heureux.

Prophétie du R. P. Ricci, général des Jésuites, mort en 1775.

Nous avons déjà publié un extrait de cette prophétie; mais un texte complet nous étant parvenu, nous croyons être agréable à nos lecteurs en livrant à la publicité tout ce qui concerne l'époque actuelle et celle future. Ce document fut rapporté d'Allemagne par un vicaire de Saint-Omer, M. l'abbé Fiquet, lors de son retour de l'émigration de 1793. Toutefois, comme il était chargé d'interpolations faites par une lourde main tudesque, nous les avons consciencieusement expurgées.

TEXTE.

« Avec l'aide de notre Dieu, s'élèvera un chef
« puissant, *dux fortis*, de l'ancienne et très-noble
Maison d'Allemagne » (*des Hohenzollern : Guillaume I*er*, roi de Prusse*), « que le monarque fort a
« humiliée et forcée à subir les conditions les plus
« dures. » (*Napoléon I*er*, dont il est question dans
le texte qui précède ce fragment.*) « Personne
« n'aura pu prévoir un pareil retour de fortune.
« Les mains de ce chef raffermiront la patrie »
(*l'Allemagne*) « d'une manière étonnante, et son
« bras, en vengeant la nation humiliée, fera triom-
« pher la loi et le droit. » (*Car Napoléon III, ayant
déclaré légèrement la guerre à Guillaume, a été
vaincu par la loi et le droit du plus fort.*) « Les
« richesses du monde entier seront employées pour
« faire la guerre. Ce chef puissant, choisi de Dieu, »
(*pour être son justicier contre la France, comme
Napoléon I*er* l'avait été contre l'Europe,*) « sera en
« pleine campagne, le vainqueur du monarque
« fort. » (*c'est-à-dire le neveu du monarque fort,
Napoléon III, auquel le prophète concède la même
dénomination parce qu'il représente la même dynastie,*) « et son glaive redoutable jettera l'effroi
« parmi tous ses ennemis, à l'Orient et à l'Occident,
« en deçà et au delà du Rhin. Il démembrera la
« France destituée de toute défense, et il la châ-

« tiera. » (Annexion de l'Alsace et de la Lorraine par la honteuse paix de Jules Favre le Superbe; — punition de la France infidèle à son Dieu et à la royauté légitime. Les faits parlent haut; la prédiction n'est que trop bien réalisée. Quoique Guillaume ait été l'instrument vengeur de la justice de Dieu, nous avons trop de preuves que sa soldatesque a souvent dépassé la férocité des anciens barbares. Aussi Dieu se réserve de briser la verge avec laquelle il nous a frappés; Guillaume, ou son fils Fritz, est le dernier roi de sa race; voir le Supplément à l'Avenir dévoilé. Pour arriver à ses fins, le Seigneur choisira le petit-fils de saint Louis.)

« Malheur à tous ceux qui ont brisé les Lis pour
« en enlever la couronne! Malheur à ceux qui ont
« commis des injustices! Malheur à ceux qui ont
« usurpé le sceptre et qui ont causé du scandale! »
(Ces trois exclamations qui concernent les usurpateurs du trône de France, ainsi que toute la secte révolutionnaire, se sont déjà en grande partie accomplies depuis quatre-vingts ans comme le démontre l'histoire.) « Car un chef très-valeureux,
« dux fortissimus, » (Henri V, le Grand Monarque) « se vengera d'une manière éclatante des rois
« et des princes qui auront trahi la patrie » (la France). « Et malheur encore à ceux qui se sont in« justement enrichis des dépouilles du trône de ses
« aïeux, ou des biens sacrés de l'Église! » (Ce va-

est spécialement applicable aux deux rois maudits, Guillaume, ou son fils, et Victor-Emmanuel, lequel mourra d'une mort violente, collé surpé avec ses souliers.) « Il leur fera rendre tout avec usure « et plus encore. » (Ainsi Henri V reconquerra l'Alsace et la Lorraine, et rendra le pouvoir temporel à la Papauté. Alors le Dieu des armées sera avec la France, et tout rentrera dans l'ordre, la justice et le droit.) « Il n'y aura pas de tranquille « jouissance dans la maison de ces usurpateurs et « de ces voleurs : un châtiment inévitable s'attachera à eux et les poursuivra sans relâche, car ce « chef très-valeureux a juré devant le Seigneur de « ne pas déposer le glaive avant que sa patrie ne « soit vengée au centuple. » (Voilà l'homme qui fera refleurir nos grandeurs nationales par le retour de la politique de Charlemagne et de saint Louis. Par Henri V, la France sortira de ses ruines morales et matérielles ; elle redeviendra la première nation du monde : la Grande Nation Catholique !)

« En ce temps, l'orgueilleuse Babylone » (Paris) « sera détruite. » (Ceci corrobore les prophéties relatives à la destruction de la Babylone moderne, qui, depuis surtout quatre-vingts ans, avachit et prostitue la France.) — « Le prince très-valeureux « extirpera le protestantisme ; il renversera l'empire « Turc et sera reconnu monarque du monde en-

« tier. » (*Ce point est parfaitement d'accord avec la note 179 de notre I" volume.*) « Il s'entourera « d'hommes distingués dans l'Église par leur sa- « gesse et leur sainteté; et de concert avec le « Pontife-Saint » (*le Pape Lumen in cœlo*), « il « fondera de nouvelles lois et de nouvelles consti- « tutions; il enchaînera l'esprit de vertige; » (*l'es- prit révolutionnaire et antichrétien,*) « il rappel- « lera les membres de notre Société des contrées « éloignées où ils se seront réfugiés » (*la Compa- gnie de Jésus, elle qui sera supprimée en Italie, et probablement ailleurs, par les forfaits de la Révolution, comme il est dit dans notre second volume*), « et ils recommenceront et formeront un « siècle nouveau. » (*Le monde nouveau et éclairé, dont nous avons souvent parlé, est encore annoncé ici avec le triomphe de l'Église et la conversion des hommes.*) « Partout il n'y aura qu'un seul trou- « peau et un seul pasteur, et le monde et tous les « hommes de bonne volonté jouiront de la paix « dans l'adoration de notre Dieu. »

Prophétie de saint Vincent de l'Ordre de Saint-Augustin.

Il s'agit ici probablement de saint Vincent Ferrier, religieux de l'Ordre de saint Dominique.

militant sous la règle de saint Augustin. Il est mort à Vannes en 1419, à l'âge de 70 ans.

Cette prophétie nous a été adressée par notre excellent ami, M. Pierre L..., de Paris, qui le premier l'a traduite du latin, d'après une copie tirée d'un livre intitulé : *Le Chant du Cocq François*, imprimé à Paris par Denis Langlois en 1621, et conservé à la Bibliothèque Sainte-Geneviève, lettre V, n° 701.

C'est un extrait d'une épître d'un religieux nommé Rusticien, lequel extrait se trouve en tête d'un livre très-ancien, traitant des malheurs et de l'état de l'Église. Il fut composé par Théosphore, de Cosenza en Calabre, et édité à Venise, en 1516. Voici cet extrait :

« La foi catholique annonce que l'Antechrist doit bientôt venir; mais il est constant qu'il y aura deux Antechrist : le véritable et le mixte. L'Antechrist mixte sera un faux pape, germain d'origine, qu'un empereur suscitera par fraude et par violence, et qu'il établira chef de la perfidie. Ce faux pape couronnera l'empereur et ils s'entendront ensemble pour renverser et détruire la constitution de la chrétienté et de l'Église (1). Or, saint Vincent de l'Ordre

(1) Tout ce passage commande une application complète sur Guillaume le soudard mystique et Dœllinger l'apostat, ou son équivalent, — grâce aux influences machiavéliques et sataniques de Bismark le vautour. Ceci corrobore plusieurs de nos prophéties et appréciations relatives au schisme qui éclatera lorsque le Pape devra quitter Rome.

des frères ermites de saint Augustin écrit, à la date de 1413, une lettre où il rapporte plusieurs choses extraordinaires, encore qu'il y déclare ne rien dire d'après lui-même, et où, entre autres assertions, il fait celle-ci : l'Antechrist mixte ne doit par tarder à naître. Il dit expressément qu'il viendra de la partie de la Germanie qui touche le nord de l'Italie. Et c'est la vérité, parce que c'est de l'Aquilon que se répandra tout le mal sur tous les habitants de la terre.

« Sous cet empereur il y aura trois papes falsifiés : un grec, » (*le czar de Russie*) « un Italien, » (*Victor-Emmanuel*) « et un autre Germain, le pire de tous. Ils combattront chacun pour soi, et tous seront adversaires du vrai Pape » (*Pie IX et son successeur*). « En outre le roi de l'Aquilon » (*Guillaume, roi de Prusse*) « sera en fédération avec les Turcs et les Sarrasins et s'adjoindra encore des barbares Scythes, Tartares et Grecs. » (*Ce sont les deux confédérations du Nord et du Sud, qui, depuis le 18 janvier 1871, forment l'empire d'Allemagne.*) « S'étant réunis dans la même pensée, ils soulèveront contre l'Église la guerre la plus atroce (1).

---

(1) M. Pierre L... voit dans ces trois antipapes des potentats qu'il désigne avec les devises de saint Malachie. Nous avons rapporté et combattu cette opinion à la note 266 de notre 1er volume, du moins en ce qu'elle regarde les devises prophétiques, celles-ci ne pouvant être appliquées qu'à des papes et à

Le roi de l'Aquilon » (*Guillaume*) « ayant ravagé la Bourgogne (1), entrera en Italie avec le faux pape susdit et avec les infidèles » (*à l'Église Romaine*) ; il y mettra tout à feu et à sang. Il affligera tellement le clergé, que les ecclésiastiques, comme alliés de leur vocation, cacheront leur tonsure et n'oseront dire ce qu'ils sont. Les églises et les monastères seront pillés, et toutes les possessions du clergé et des religieux seront spoliées, au point que l'Église se verra revenue à son ancienne pauvreté. Et, quoique l'Église ait eu autrefois de grandes persécutions à souffrir de la part des infidèles » (*des païens*), « cette persécution sera la plus cruelle de toutes.

« Ces persécuteurs iront à Rome ; ils profaneront le siége de Pierre ; ils détruiront et raseront la cité Léonine où est le Siége Apostolique ; et du consentement même des Romains » (*ceux qui sont ennemis de*

---

des antipapes proprement dits. Avec son système, M. L... prétend que le Pasteur angélique dont il va être parlé, est le *Pastor angelicus* de saint Malachie, tandis que nous, nous voyons *Lumen in cœlo*.

(1) Au mois de février 1872, le *Courrier de France* crut pouvoir affirmer avec certitude qu'on étudie très-sérieusement, dans les hautes régions militaires de Berlin, l'itinéraire que devrait suivre une armée de cinq cent mille hommes à travers le midi de la France. Or, ceci s'exécutera quand l'armée allemande passera par la Bourgogne pour porter secours à la maudite royauté italique, alors que la Révolution aura renversé Victor-Emmanuel. Tout cela est d'accord avec la vision de Wurtemberg, la prophétie de Prémol, etc.

l'Église, car il ne s'agit pas ici des romains fidèles et amis de l'Église), « ils ruineront le môle d'Adrien Ier, le Château Saint-Ange. Cette persécution durera quatre ans et plus, selon qu'il plaira à Dieu. Durant cette persécution, le Pape » (*Pie IX*) « mourra, et le Saint-Siège, à cause de ces malheurs, sera vacant pendant une année.

« Après cela sera suscité le Pape Angélique » (*levatus in cielo*), « et peu de temps après, — le roi de l'Aquilon » (*Guillaume ou Fritz*) « étant mort, et les princes et électeurs de l'empire Germain étant séparés » (*par la dissolution de l'empire Allemand*), « ce saint Pape couronnera un roi de France » (*Henri V*), « et il lui décernera le titre d'empereur, et il ceindra sa tête de la couronne d'épines en souvenir et révérence de la Passion de Notre-Seigneur Jésus-Christ.

« Le Pape Angélique, avec ce roi de France, reformera l'Église ; tous les chrétiens » (*percés ou convertis, et épargnés ou enrichis par la révolution*), « abandonneront leurs biens temporels ; et tous les Ordres religieux ayant été expulsés, comme il est dit ci-dessus, ce Pape fondera un nouvel Ordre religieux qui l'emportera sur tous ceux qui l'auront précédé (1). Dans cet Ordre, entreront tous les Pontifes » (*évêques probablement*), « et même l'on en

---

(1) Ce passage confirme et élucide le paragraphe ci-après intitulé : « *Prophéties sur les Apôtres des derniers temps.* »

choisira douze qui, à l'instar des Apôtres, iront, dans l'éclat de leur sainteté, prêcher l'Évangile par toute la terre, et ils convertiront tout le monde à la religion du Christ, excepté » (*præter*, excepté, plus) « les Juifs.

« Et le Pasteur Angélique, après avoir vu un signe céleste dans les airs, et s'être uni au roi de France, le nouvel empereur par lui couronné, comme il vient d'être dit, s'armera du premier étendard de la Croix « (*la relique de la vraie Croix*) « qu'il prendra lui-même sur l'autel de Saint-Pierre » (*à Rome*), « et partira pour Jérusalem, ce qui sera la septième et dernière croisade » (*en n'y comprenant pas les deux de saint Louis, qui n'est pas arrivé jusqu'à Jérusalem*); « et ce qu'on n'aura pu faire auparavant, il l'exécutera, sans qu'il soit besoin de recommencer ces expéditions, parce que, dans la suite, Jérusalem appartiendra toujours aux chrétiens jusqu'à l'Antechrist (1).

---

(1) Le prophète de Salon a vu aussi cette dernière croisade des Français en Orient, puisqu'il dit :

> Les vieux chemins seront tous embellys,
> L'on passera à Memphis somentrée
> Le grand Mercure d'Hercules fleur de lys
> Faisant trembler terre, mer et contrée. (*Cent. X, quat. 79.*)

Glose. Les antiques traditions catholiques et monarchiques (*les vieux chemins*) seront splendidement restaurées (*embellys*); l'Occident se croisera et soumettra définitivement (*somentrée*, composé de *summa* : suprême, dernière, et de *entrée* : inva-

« Le Seigneur donnera alors sa grâce aux infidèles, qui se convertiront à la foi catholique. Le roi de France, ce nouvel empereur, à son retour glorieux de Jérusalem, prohibera partout l'usage des armes ; alors la paix et la tranquillité régneront dans le monde entier, qui marchera dans les sentiers de la justice. Le clergé imitera surtout la vie des Apôtres. Tout le monde obéira au Pontife romain. Et c'est alors qu'on annoncera publiquement la venue du grand Antechrist.

« Ce saint et Angélique Pasteur sera gardé sur son trône par les anges; il sera d'une extrême douceur et sans tache ; il réédifiera toutes choses; il réformera l'Église avec mansuétude, et la gouvernera paternellement, car son cœur sera dans les mains de Dieu. Cet homme d'une grande perfection ne possédera rien, cependant il aura tout. Il réprimera l'orgueil des clercs «religiosorum, » (*gallicans, libéraux,* etc.), « et tout prospérera sous ses ordres, parce que le divin médecin appliquera le remède par sa Passion. A la voix de ce bon Pasteur, les morts » (*à la grâce*) « ressusciteront, les autels seront relevés, et les églises dévastées seront ornées.

sion, croisade), l'Orient (*Memphis,* c'est la partie pour le tout,) à l'Évangile du Christ ; la France redevenue la grande Nation, le soldat de l'Église, fera trembler le monde entier devant son glorieux étendard blanc, chargé de fleurs de lis d'or et surmonté probablement du signe sacré de la Croix rédemptrice.

« Alors le généreux roi de la postérité de Peppin, le roi de France » (*Henri V*), « comme nous l'avons dit, viendra de loin » (*de France à Rome*) « visiter le Pasteur Angélique et admirer sa gloire, parce que ce Pape, privé du temporel, » (*des États de l'Église*), l'installera doucement » (*par les cérémonies de son sacre à Reims,*) « sur le trône vacant jusque là » (*ce que dit le Père Werdin*), « et qu'il l'appellera à son aide. C'est cet empereur que Merlin nomme *bicéphale*, parce qu'il régnera sur l'Orient et sur l'Occident.

« Ce pontife brisera les arcs et les flèches; il défendra l'usage des armes, et se mettant peu en peine des biens d'ici-bas, il prendra son bâton pour parcourir la terre et visiter les provinces; en sorte qu'il y aura à tout jamais concorde entre les Grecs » (*l'Église grecque*) « et les Latins » (*l'Église latine*), et cette union sera fortifiée, resserrée, par l'élection des Grecs aux dignités ecclésiastiques.

« Au commencement de son pontificat, ce Pape habitera la France; et, avant qu'il soit élu il y aura de grandes guerres et d'innombrables sujets de discorde. » (*Nous avons vu de grandes guerres, nous en verrons d'autres...; nous avons vu la campagne contre l'Infaillibilité... etc., etc., etc.*) « Mais à la faveur de la grâce et de la miséricorde divines, tout arrivera à souhait pour la religion. Ce pontife parcourra les îles de la mer » (*les États du monde*) « et établira une route par terre » (*un chemin de fer*), « qui reliera l'Europe et l'Asie. Ainsi les Orientaux ne seront plus séparés des Occidentaux.

« La ville de Rome ne possédera plus de pouvoir temporel ; mais le peu qui restera du pouvoir spirituel s'agrandira dans des proportions surprenantes. Après que ce saint Pasteur aura régné SIX ANS ET DEMI, et gouverné l'Église et le monde avec une grande sainteté, il rendra son âme à Dieu, trois années après son retour de Jérusalem. »

(*Traduit fidèlement pour la première fois.*)

VISION AÉRIENNE PROPHÉTIQUE.

Les grands événements ont été souvent annoncés par des signes et des prodiges dans le ciel, signes et prodiges qui sont restés inexpliqués par la science physique, et inexplicables par les seules causes naturelles.

L'historien Joseph rapporte qu'avant la destruction de Jérusalem par Titus, on remarqua une éclipse de lune qui se répéta douze nuits de suite, et, au déclin d'un de ces jours, on aperçut distinctement, au milieu de l'espace céleste, des chariots de guerre, des cavaliers et des troupes armées traversant les nues et couvrant toute la ville.

Constantin et son armée marchant contre Maxence

virent dans le ciel, au-dessus du soleil, vers midi, un phénomène miraculeux qui frappa tous les spectateurs d'un grand étonnement. C'était une croix lumineuse portant cette inscription en lettres grecques : *In hoc signo vinces*, — c'est par ce signe que tu vaincras. — Cet événement est attesté par Suétone, Eusèbe, Prudence et divers auteurs contemporains. Dès lors Constantin fit représenter ce signe sacré, avec le monogramme du Christ, sur le labarum qui jusque-là portait une aigle peinte ou tissue d'or.

De nos jours, plusieurs miracles de ce genre ont été affirmés et constatés d'une manière irrécusable, notamment la *Croix* de Migné, près Poitiers, vue par deux à trois mille personnes, le 17 décembre 1826. Mais, tout récemment il s'en est produit deux. L'un, le 2 février 1871, au village de Golaze, dans le duché de Posen, en Pologne. Il se rapporte sans doute à la grande bataille du Bouleau (en Westphalie) dont nous parlons amplement dans le *Supplément à l'Avenir dévoilé*, et à la suite de laquelle la malheureuse Pologne recouvrera sa nationalité, alors que sonnera l'heure des restaurations légitimes. Quant à l'autre apparition, elle eut lieu six mois après. En voici le récit tiré d'un journal de Stuttgart, le *Deutsche Volksblatt*, et traduit, par les journaux français du mois de septembre 1871, en ces termes :

« Dix-huit personnes ont déclaré de la manière la plus formelle, prêtes au besoin à le confirmer par serment, que, se trouvant le 29 juillet à S..., vers les neuf heures et demie du soir, devant l'auberge de l'*Aigle*, l'une d'elles leva la tête vers le ciel et poussa un cri de surprise. Toutes alors regardèrent en haut, et virent distinctement *une grande route, allant du Nord au Sud*. Sur cette route chevauchait, la *couronne en tête, un grand et superbe cavalier*, montant un coursier magnifique. Après lui venaient des officiers, puis de l'infanterie, les capitaines à cheval devant leurs compagnies, puis la cavalerie, l'artillerie, les chariots, etc. C'était, au dire d'un des spectateurs, soldat revenu du service, comme une armée marchant à la bataille. Lorsque le roi eut passé devant *un rocher*, il parut alors comme *un officier ordinaire*, mais *sa tête était mutilée*. Bientôt l'apparition s'évanouit à l'horizon austral.

« Quelques jours plus tard, des petites filles de sept à huit ans, revenant chez elles le soir, vers sept heures, du cimetière de G..., virent dans le ciel une multitude de soldats, marchant du *Sud au Nord*. Notre correspondant pressa ces enfants de questions et put se convaincre que ces petites filles, naïves et innocentes, disaient la pure vérité. »

Dans son n° du 26 août, le *Saint-Galler Wolksblatt* ajoute : « On nous écrit d'un lieu tout voisin, de Rieden, que le même jour et à la même heure, plusieurs personnes de cet endroit ont observé les mêmes apparitions. Jamais, dit-on, nous n'avons rien vu de plus beau. La magnifique rougeur du soir, les nuages brillants, ornés de fastueux chemins de fer, des soldats, des troupes de toute espèce et de toutes armes, tout cela nous jeta dans un profond étonnement. Ce magnifique spectacle put être observé pendant une demi-heure. »

Ces étranges apparitions feront rire d'incrédulité certains esprits aussi légers qu'ignorants; mais les esprits sérieux et religieux y reconnaîtront des avertissements célestes dignes de les préoccuper sur l'avenir. Les signes extraordinaires sont compris par les hommes qui aiment l'étude des choses de l'ordre surnaturel, et que des savants catholiques, tels que MM. de Mirville, des Mousseaux et Bizouard, ont approfondis dans leurs doctes et amples écrits. A l'heure présente, l'humanité plongée dans la décadence intellectuelle et morale, a, quoi que dise son fol orgueil, un besoin immense des secours du Ciel, et Dieu, en père miséricordieux, se plaît à soutenir le courage du petit nombre de ceux qui veulent être toujours ses fidèles amis. A preuve encore l'apparition si remarquable de la sainte Vierge aux enfants du Pontmain (Mayenne), au moment où la France était écrasée par les fureurs tudesques.

La vision aérienne arrivée en Wurtemberg mérite

donc notre attention. Nous avons souligné les mots sur lesquels il faut particulièrement s'arrêter. Nous tenterons quelques explications, et d'autant plus volontiers, que M. H. M... a déjà livré au public une interprétation perspicace qui se range dans nos pensées. Commençons :

La grande route allant du Nord au Sud semble marquer le chemin de Berlin à Rome. L'Allemagne prussianisée portera la guerre en Italie et y convertira les églises en écuries disent les *Prédictions Dominicaines* de notre second volume de l'*Avenir dévoilé*. Ce sera sans doute au moment où la démagogie italienne éclatera furieusement et renversera la monarchie de Victor-Emmanuel.

Le grand et superbe cavalier couronné figurerait l'empereur d'Allemagne, soit Guillaume, soit Fritz, son fils.

Le rocher symbolise l'Église Romaine bâtie sur la pierre angulaire, et contre laquelle se brisent tous les envahisseurs, tous les ennemis de Dieu.

Le superbe cavalier apparaissant ensuite comme un simple officier, laisse entrevoir la défaite de l'empereur d'Allemagne et d'autant mieux que sa tête a subi des mutilations. Tout ceci est élucidé par les prophéties de Prémol, du curé d'Ars, de saint Vincent et de Palma citées plus haut.

Assurément Dieu se sert de la Prusse comme d'une verge pour frapper et broyer les nations prévaricatrices. Mais, parce que le triomphe enivre *les chefs* de l'empire allemand, ceux-ci se perdront par l'excès de leur ambition. Dieu brisera cette verge quand il n'aura plus besoin d'elle : sa justice l'a décrété.

Nous savons qu'un antipape, plus ou moins *protestant*, un antipape Germain d'origine, dit la prophétie de saint Vincent, sera élu à Rome ; et certes, les manœuvres de Bismark contre le catholicisme présagent qu'il est capable de faciliter et même de provoquer ce douloureux événement, par tous les moyens imaginables, et avec la force armée, si la France prétend s'y opposer; car, il avouait naguère « qu'il était décidé à en finir avec l'Église catholique; que bien d'autres avaient échoué dans cette tentative, mais que lui ne savait ce que c'est qu'un échec. » Le cas échéant, la France se rappellera qu'elle est la Fille aînée de l'Église; elle sera doublement heureuse de défendre sa Mère et de combattre la Prusse dans les États Pontificaux. Déjà le vice-empereur d'Allemagne paraît songer à un conflit, puisqu'il déclarait encore, lors de son séjour à Gastein, « qu'il comptait à peine sur trois ans de paix avec la France; que celle-ci l'attaquerait avant même d'avoir payé sa dette de cinq milliards, mais qu'il n'attendrait peut-être pas, vu qu'il tenait à choisir son heure. » Le Machiavel prussien ajoutait encore : « Il est probable que l'Italie servira d'occasion. La France peut trouver bon, et il peut lui être avantageux jusqu'à un certain point, d'intervenir de ce côté-là. Mais l'Italie est, en tout cas, sûre de ma protection; elle est mon enfant chérie, et c'est elle qui m'aidera à en finir... »

Après de tels blasphèmes il n'y a plus à douter de la chute prochaine de la Prusse. Pour la consoler disons-lui que c'est par ses revers que Dieu la fera rentrer officiellement dans le giron de l'Église Romaine. Ceci est annoncé par un prophète prussien. O ironie providentielle! — Voir, au *Supplément de l'Avenir dévoilé*, la prophétie d'Hermann de Lehnin.

Quand à la Vision qui déroule une multitude de soldats marchant du Sud au Nord, elle se rattache vraisemblablement aux *Prédictions Allemandes* contenues dans notre SUPPLÉMENT, ainsi qu'aux prophéties susrapportées du curé d'Ars et de l'extatique d'Oria. Ce ne serait donc qu'après la guerre d'Italie qu'aurait lieu la terrible bataille du Bouleau, laquelle achèvera l'effondrement de l'empire d'Allemagne et amènera le couronnement de Henri V à Aix-la-Chapelle. La vaillante armée française sera alors à Berlin..... Et nous chanterons le *Te Deum* de la délivrance à Metz, à Strasbourg et partout...

Voilà la revanche glorieuse après laquelle tout cœur français soupire, et dont la France sera redevable à *l'enfant du miracle*, ce digne représentant du principe sacré de la légitimité, ce héros fleurdelisé, annoncé par cent voix prophétiques, parce que Dieu lui réserve la victorieuse épée de Charlemagne et qu'il a déposé dans sa poitrine un cœur de roi et de père pour sauver et régénérer notre Patrie! Alors recommenceront les exploits de Dieu par la main des Franks, *Gesta Dei per Francos*. Et la civilisation chrétienne, la seule vraie, brillera sur le monde entier, qui, enfin, se prosternera devant le Seigneur.

Fragments de Lettres de Mélanie.

A la veille d'une crise formidable, nous ne pouvons résister au désir de citer quelques paroles lumineuses extraites de la correspondance de la Voyante dauphinoise.

Le 23 juin 1871, Mélanie, répondant à une lettre d'une religieuse de la Providence de Corenc, lui tenait ce langage :

« .... Notre pauvre France est bien humiliée, dites-vous. Ah! ma chère Sœur, elle aurait bien mieux fait de s'humilier sans attendre les coups de la juste colère du Très-Haut; et elle ferait bien maintenant de se frapper la poitrine, de réveiller sa foi, etc., etc., si elle *ne veut pas être* ENTIÈREMENT *anéantie*.

« Ah! ma bonne Sœur, il y a de quoi pleurer jour et nuit, en voyant dans quel état est plongée la société!... Ah! malheur des malheurs! On est irrité contre Dieu même. On veut faire la guerre à Dieu!... Je n'ai jamais dit que le *Dauphiné serait protégé.* Ah! si l'on ne se dépêche pas de revenir sincèrement à Dieu, ce qui est arrivé *n'est encore rien, rien,* RIEN! Je ne veux pas décourager. Vous, ma chère Sœur, vous connaissez mille fois mieux le bon Dieu que moi. Donc, si on le prie, il est toujours plein de miséricorde, et veut toujours pardonner quand on revient sincèrement à Lui.

« Selon quelques *personnes,* je ne suis qu'une visionnaire, une illusionnée. Je m'abstiens donc de parler pour ne pas faire mépriser les paroles de vérité dont je ne suis que le bien faible et bien indigne canal. Pauvre France, elle a un voile sur les yeux, elle est comme paralysée pour la vérité! Pauvre France! malheureuse France! Ah! ma chère Sœur, comme j'ai le cœur plein d'amertume de voir tomber ainsi une nation autrefois si pleine de religion! Quand est-ce que Dieu, dans sa miséricorde, me donnera une *poignée* de ces âmes fortes, qui ne craignent pas les hommes, et qui, DÉNUÉES de tout, prêcheront les vérités saintes et se sacrifieront pour la gloire de Jésus-Christ!

« Si le bon Dieu me faisait rentrer en France, je l'en remercierais de tout mon cœur. Je ne demande pas de rentrer dans un couvent : je demanderais seulement d'être dans un petit village pour faire une petite école (1). Si la personne à qui je demanderai cette faveur était en France, et fût ce qu'elle sera, je lui aurais déjà écrit pour cela.

« La statue de Voltaire est toujours debout à Paris. Il me semble que la première chose qu'aurait dû faire M. Thiers aurait été de faire briser ce monstre de statue ; mais je le comprends, Voltaire est le Dieu de la France. J'ai écrit à M. Thiers. Tant pis pour lui et pour la France, s'il n'agit pas en chrétien. J'ai fait mon devoir. Quand il s'agit de la gloire de Dieu, je ne crains ni la mort ni la prison. — Et ce qui en partie a perdu la France, c'est que le clergé a plus craint l'homme que Dieu. Ah ! si je m'étendais sur ce chapitre ! Pauvre clergé ! Pauvre clergé !... Mais non, je me trompe. Selon le clergé, je suis une illusionnée. Le clergé est bon, le clergé est désintéressé, le clergé est plein de zèle, plein de charité pour les pauvres : c'est le troupeau qui est mauvais !!!.. » (2).

(1) 1. 37. 9. 7. 13. ÷ 99. 5. 3. 1. 6. 2. 3. ÷ 3. 64. 7. 166. 127. 16. 3. 9. 1. 91-92-93... 1. 95. 3. 9. 3. Marie de la Croix 4. 37. 39. 96. 2. 3. 1. 1. 3. 03. 2. 3. 9. 1. 3. 0. 9. 3 ÷ 97. X 39. 2. 6. 3. 6 ?

(2) « Ces paroles sont ironiques dans la bouche de Mélanie, qui est très-peinée de ce qu'on n'a pas fait cas de la Salette et des fléaux... et de ce qu'on la traite de visionnaire. - (Note de M. Girard. — Voir *Les Secrets de la Salette*, 1re édit. p. 100.)

A la date du 15 août 1871, la très-respectable et pieuse bergère de la Salette écrivait à M. Girard :

« ... Vingt-cinq ans vont sonner depuis que la bonne, la douce Vierge Marie, la Mère de Dieu, vint pleurer sur notre montagne. Elle pleurait, et pourquoi? et pour qui? C'est que son peuple s'était dévié du chemin de la vertu, et se précipitait à grands pas dans la voie de la perdition. Pauvre peuple! Pauvre France! tu ne sais pas que tu peux être broyée comme le grain sous la meule des vengeances de Dieu...

« Il est inutile à l'heure qu'il est de parler aux hommes ; l'aveuglement est à son comble ; il faut que Dieu leur parle et il leur parlera ; mais ils ne peuvent s'imaginer comment..., il faut une purge à la terre.

« Vous désirez, Monsieur, avoir connaissance de la lettre que j'ai écrite à M. Thiers : J'écris toujours une seule fois mes lettres; je ne saurais donc vous dire ce que j'ai écrit. Je me rappelle seulement lui avoir dit d'enlever la statue de Voltaire, à Paris, et tout ce qui n'est pas de Dieu ou pour Dieu; il me semble aussi lui avoir dit que si le Gouvernement ne revenait pas à Dieu et ne faisait pas observer ses commandements, les châtiments qui sont arrivés ne sont encore rien. Je ne lui donnais pas mon adresse, et la lettre à sa destination fut mise à la poste de Marseille... — Lorsque le moment sera venu d'écrire à *** (*Henri V?*), je le ferai volontiers. Dans ce moment, la France n'est pas digne de... » *(LUI)* (1).

Voici d'autres paroles que Mélanie a souvent répétées dans les années qui suivirent 1847. Nous les avons vues successivement se réaliser en grande partie ; mais nous attendons que la dernière crise éclate pour en voir l'entier accomplissement. Écoutez :

« Les grands malheurs arriveront parce que les hommes ne se convertissent pas, et qu'il n'y a que leur conversion qui puisse les en préserver. — Dieu commencera par frapper les hommes en envoyant les moins terribles de ses châtiments pour leur ouvrir

---

(1) *Apud* GIRARD, *loco citato*.
Cette lettre nous rappelle des paroles vraiment prophétiques de Mgr Frayssinous ; il est à propos, à cette heure, de les donner à méditer. En 1820, quelques jours après l'assassinat du duc de Berry, alors que tout cœur français était plongé dans le deuil, l'éloquent conférencier, dominé par une noble indignation, s'écriait : « O France ! malheureuse France ! ô nation dégradée, abrutie par l'impiété ; non, tu n'es pas digne d'être gouvernée par de tels princes *(les Bourbons)*. Et toi en particulier, ville insensée, toi, qui aujourd'hui t'élèves au milieu de l'Europe comme la capitale du monde impie ; toi, qui dans ton fol orgueil, portes la tête jusque dans le ciel pour braver son courroux ; tremble d'être abaissée jusqu'aux enfers. Tu as voulu briser dans la main des Bourbons le sceptre paternel, et tu mérites d'être régie comme l'esclave par une verge de fer ; il te faut des maîtres impitoyables, des tyrans qui te *dévorent* ; et quand tu seras foulée aux pieds, broyée comme la paille, alors peut-être tu sentiras l'énormité de ton crime et la folie de ton impiété, et tu seras forcée de rendre hommage à ces royales vertus que tu as maintenant la basse fureur de méconnaître et d'outrager... » *(Disc. sur l'esprit d'expiation.)*

les yeux. Puis il s'arrêtera ou s'en tiendra pour un temps à ces premiers avertissements, afin de donner lieu au repentir. Mais on n'en profitera pas. Alors Dieu enverra des fléaux plus grands, toujours pour ramener à la pénitence. On n'en profitera pas davantage. A la fin, comme on ne se convertira pas, il enverra des maux terribles, ses plus grands châtiments. » (*Ibidem*).

Enfin, ajoutons trois curieuses prédictions.

Durant son séjour à Corenc (1850-1851), rapporte M. Girard, Mélanie écrivait souvent des dates sur les murs de la maison, sur du papier, etc. Ainsi, en 1852, elle avait écrit sur le montant d'une fenêtre: 1870, *les Prussiens*. On remarqua aussi qu'elle effaçait toujours le mot *Paris* partout où elle le trouvait, dans les atlas et dans les livres. Quand on lui disait: Mais pourquoi faites-vous cela? Pourquoi effacez-vous *Paris* partout où vous le voyez ? C'est, répondait-elle, parce que Paris sera un jour *effacé*. — Une fois elle mit sur un bout de papier cette date suivie de ces trois initiales: 1872, *f. d. m.* Une de ses compagnes lui dit: Cela signifie *fin du monde*. Oh! vous n'y êtes pas, reprit Mélanie. — Cela signifierait-il: Fin Des Maux, ou Des Malheurs, ou Des Méchants; ou Fin De Moi (Mélanie); ou Fera Des Malheureux, ou Des Martyrs; ou Fureur, Force Des Méchants; ou Famine, Douleur, Mortalité ou Massacres; ou Fusion Des Monarchistes; ou France Demi-Morte; ou

Fin Des Miséricordes, c'est-à-dire l'arrivée toute prochaine et irrévocable des *grands châtiments*?

Nous nous arrêtons, car avec ces *trois lettres* on pourrait écrire bien des pages de pronostics, faux ou vrais, sur l'année 1872.

Mélanie et son Secret en face de l'Autorité.

Le 6 mai 1872, au dernier moment de l'impression de la nouvelle édition de ce livre, nous avions l'honneur de recevoir de la très-digne et très-respectable sœur Marie de la Croix une lettre dont l'importance réclame la publicité, car elle répond à des observations que la Providence nous permettait d'adresser directement à cette sainte fille, relativement à la divulgation de l'entretien secret de la très-sainte Vierge, et que celle-ci fixa à l'année 1858, autant qu'on peut en juger par la première phrase du texte donné par Mélanie. Voici la teneur de cette lettre :

« J. M. J. Castellamare, le 2 mai 1872.

« Monsieur,

« Que Jésus soit aimé de tous les cœurs!

« Je vous remercie beaucoup de la charité que vous avez eue en m'envoyant votre livre : *Les Grandeurs et Malheurs de la France*. Je l'ai lu à la hâte :

je le relirai ces jours-ci ; c'est la première fois que je lis des Prophéties, et je crois que pour les comprendre il ne faut pas voir les choses à la manière humaine (*) (1).

« Avant de voir Monsieur B..., je n'avais jamais entendu parler du futur héros, David Lazzaretti, par aucune personne, et je ne connais aucune brochure, ni aucun écrit qui parle de lui (2). Mais, si toutefois quelque chose de ce genre venait à ma connaissance, je me ferai un vrai plaisir de vous l'envoyer.

« Je ne suis qu'une bien vile poussière ; je suis coupable de bien des choses (3), mais en celle de n'avoir pas obéi à la très-sainte Vierge, je ne le pense pas : et la preuve, ce sont les persécutions de tout genre que j'ai eues à essuyer et que j'endure encore [a]. Si je demandais à quelques-uns : Pourquoi ma sortie du couvent de la Providence (4) ? Pourquoi cet éloignement en Angleterre ? etc, etc., etc. On n'oserait pas répondre, surtout en public. Eh bien, je ne répondrai pas pour tant de personnes : la charité ne le veut pas. Je ferai seulement la réponse d'une seule personne. Voici ses pa-

---

(*) Les chiffres placés entre parenthèses renvoient aux notes explicatives et critiques qui se trouvent à la suite de cette lettre.

[a] La pensée de Mélanie n'est développée que plus loin, où elle donne des preuves de ses efforts à vouloir s'acquitter de sa céleste mission.

roles : « Mélanie, si vous continuez à parler mal de
« notre empereur, vous ne pourrez plus rester ici ;
« vous êtes dans l'illusion, c'est le diable qui vous
« fait parler. Napoléon est un saint, et tout ce qu'il
« fait c'est pour le bien de la religion. Donc, ne
« vous avisez plus de parler si mal de Napoléon et
« d'exagérer la sainteté du Pape, qui est un homme
« comme nous. Le Pape doit dire la messe et voilà
« tout (5). » A ces paroles, je répondis : « Je dois
obéir à Dieu. Tant que je vivrai je dirai la vérité. Si
le Pape, que je ne vois pas comme un homme
comme vous, me défend de parler, je ne parlerai
plus, car je dois obéir au Vicaire de Jésus-Christ
et à lui seul en ce qui touche mon Secret. Et si un
évêque n'est pas soumis au Vicaire de Jésus-Christ,
je ne dois ni croire, ni obéir à la parole de cet
évêque, qui est hors de l'Église (6). »

« Donc, Monsieur, j'ai parlé ; et j'ai écrit, ainsi
que je vais vous le dire ; mais comme religieuse je
ne pouvais pas grand'chose.

« En 1860, je remis cette partie de mon Secret [b]
entre les mains d'une personne selon le cœur de
Dieu, c'était à l'Assistante de la Supérieure générale
des religieuses de la Compassion de Marseille. —

---

[b] C'est-à-dire le document livré à M. l'abbé Bliard et que
nous donnons plus haut, après l'avoir déjà publié une fois et
aussitôt que nous l'avons eu entre les mains, afin que la lumière ne restât pas sous le boisseau.

j'étais alors dans ce couvent : je faisais partie de la Communauté. — Cette pièce fut transmise à un Vicaire général de l'évêché de cette ville. On la rendit, en disant : « La France est en paix ; ce sont des « choses qui regardent la fin du monde ; il faut « prendre garde à l'illusion ; il ne faut pas trop y « donner attention, etc. (7). » Cette même pièce fut ensuite mise entre les mains d'un R. P. Jésuite. Il la rendit en disant que c'étaient des choses de la fin des temps et des choses prises dans l'Apocalypse. Je voulais écrire à Napoléon, et j'ai écrit ; mais j'ai encore la lettre, car on ne me permit pas de la lui envoyer (8) : et ce fut ce même Jésuite qui ne le trouvait pas prudent. Depuis, j'ai su que ce bon père Jésuite avait bien trouvé prudent de se travestir pour éviter la prison ; et s'il eût été tué comme tant d'autres, il aurait sans doute cru que, si ce n'était pas la fin du monde, c'était au moins sa fin à lui (9).

« Voilà, Monsieur, comment cette pièce est restée dans l'obscurité (10).

« Personne ne sait si je puis divulguer tout le secret, ou bien si, à une époque fixée, le complément se saura (11). Je crois que le mieux pour nous, c'est de nous convertir, c'est d'expier, de réparer et de servir le bon Dieu de tout notre cœur (12) ; c'est de faire comme vous, c'est-à-dire ne pas craindre de déplaire à l'homme pour servir Dieu et faire connaître la vérité. Le bon Dieu vous récompensera, Monsieur, de votre zèle pour la gloire de Dieu et de la Très-Sainte Vierge. Continuez, vous aurez Dieu pour défenseur et pour aide [c] !

« Ma pauvre France est bien malade, et cependant, si elle voulait secouer le joug de son esclavage, elle redeviendrait libre de la liberté des enfants de Dieu : elle est esclave du démon parce qu'elle est esclave des ennemis du Très-Haut. Aussi, hélas! pauvre France!... ELLE VA ÊTRE BROYÉE !!! (13)

« Veuillez, je vous prie, prier pour moi qui en ai grand besoin ; et moi, quoique bien indigne, je prierai pour vous. Priez, je vous prie aussi, pour ma Compagne qui est la personne dont je vous ai parlé plus haut, c'est-à-dire l'Assistante de la Supérieure générale : elle a voulu me suivre dans mon exil par dévouement et par amour pour la Très-Sainte Vierge (14); priez donc pour elle et pour les siens [d].

[c] Un encouragement si bienveillant, et émanant d'une source si pure, nous confond devant Dieu et devant les hommes. A nous de gémir dans le secret de notre cœur.

[d] Dieu soit béni d'un si heureux échange pour nous! Avec le secours de Notre-Seigneur, nous tâcherons de satisfaire à cette touchante et triple demande. Nous sommes convaincu de la pauvreté de nos prières ; mais la foi confiante de l'humble suppliante parle au cœur du divin dispensateur des grâces, et mérite, à elle seule, les abondantes bénédictions du Ciel. *Amen*

« J'ai connu M. Frachon sur la Montagne de la Salette, où je le laissai lorsque je partis pour l'Angleterre ; et je partis avec un prélat et un chanoine, tous deux Anglais. Je n'ai jamais voyagé avec Monseigneur de Birmingham, ni je ne suis jamais allée dans son diocèse (15).

« Mon confesseur extraordinaire (16) étant à Naples et ne venant qu'une fois le mois, je dois attendre pour lui soumettre votre désir au sujet du complément du Secret ; mais je ne pense pas qu'il veuille laisser faire un changement à la pièce que j'ai remise à M. l'abbé Bliard, parce que, pourrait-il dire, on ne saurait plus à laquelle des deux pièces il faut ajouter foi (17).

« Le pauvre Monsieur G... a beaucoup à souffrir... . . . . Oh! mon Dieu !... Là, où devrait être la lumière, sont les ténèbres !!...

« Soyons attachés au Pape Infaillible, aimons la Sainte Église !!!

« Agréez l'hommage du respect avec lequel je suis,

« Monsieur,

« Votre très-reconnaissante et très-humble servante,

« MARIE DE LA CROIX, victime de Jésus.

« L'œil de Dieu veille sur moi.
« Mon salut est dans la Croix.
« Vive Notre-Dame de la Salette ! »

NOTES EXPLICATIVES ET CRITIQUES SUR LA LEÇON PRÉCÉDENTE.

(Suivre le texte se rattachant à chaque note.)

(1) Il faut bien se garder aussi d'avoir une confiance exagérée à l'égard des prophéties, surtout des prophéties nouvelles. Leur accorder un crédit aveugle, c'est risquer d'encourir bien des déceptions. Vous allez en juger par un exemple :

Dans son audience publique du 9 avril 1872, Sa Sainteté Pie IX disait : « ..... Il paraît beaucoup de prophéties aux-« quelles je ne fais pas grande attention, depuis que spé-« cialement les dernières qui sont venues ne se sont pas « fait, à dire vrai, grand honneur. » Or, notre vénéré Saint-Père ne s'est pas expliqué : il n'a pas dit à quelles prophéties il entendait faire allusion; et, sur ce sujet, peu de personnes connaissent la pensée intime de Sa Sainteté. Cependant nous, nous croyons la connaître, d'après une source romaine très-authentique. Nous allons la traduire en quelques mots.

Durant l'été de 1870, Pie IX avait reçu une communication émanant d'une prophétesse d'Italie, en laquelle il avait grande confiance. La voyante affirmait que l'armée italienne n'entrerait pas dans Rome. Sa Sainteté le croyait et se plaisait à le dire à certains personnages, comme d'ailleurs tout homme n'ayant fait aucun examen approfondi pouvait le croire et le dire. Or, quand arriva le 20 septembre, les faits donnèrent un formel démenti à la prédiction, et Pie IX reconnut bien vite l'excès de sa trop confiante crédulité. Ainsi le Pape n'a pas encore oublié la prophétesse qui l'a trompé, parce qu'elle-même fut jouée par le démon, qui s'était transformé en ange de lumière. Dieu a sans doute permis cette illusion, pour montrer une fois de plus combien il est important, dans les manifestations extraordinaires, de scruter d'abord, d'après les règles de la science mystique, ce qui peut être d'origine divine, ou d'origine humaine, ou d'origine diabolique, suivant ce conseil de l'Apôtre saint Jean : Ne croyez pas à tout esprit, mais éprouvez si les esprits sont de Dieu, car plusieurs pseudoprophètes se sont élevés dans le monde. *Nolite omni spiritui credere, sed probate spiritus si ex Deo sint : quoniam multi pseudoprophetæ exierunt in mundum.* (I Epist. IV, 1.)

Reste à savoir si la parole précitée du Souverain-Pontife doit prémunir contre la prophétie de l'extatique d'Oria, qui circulait dans la Ville-Éternelle dès la première quinzaine du mois de mars 1872, et que nous rapportons plus haut. A la sagesse, à la science du lecteur de multiplier ses investigations et de décider.

Observons humblement que si l'illustre Pie IX avait connu la prophétie Carthusienne dite de Prémol, Sa Sainteté y eût vu, mieux que nous, l'entrée des Italianissimes à Rome, « les vainqueurs de Jérusalem, » et d'abord l'annonce du Concile, puis la suspension de celui-ci ; puis encore la tempête soulevée contre l'Infaillibilité, la promulgation du dogme lui-même, la chute de Napoléon, le règne de la Commune, tout ce qui se passe à Rome depuis le lugubre 20 septembre, etc., etc. — C'est sur cette vision incomparable, ci-dessus consignée, qu'il faut spécialement que chacun porte son intelligente attention à l'heure présente, car elle déroule les grands et terribles événements du plus prochain avenir.

(2) Voir le paragraphe intitulé : « Un sauveur inattendu. » Un mois après la rédaction dudit paragraphe nous avons

reçu huit pages in-quarto d'une épître prophétique dédiée aux Romains, par M. David Lazzaretti d'Arcidosso, qui prétend être « l'homme du mystère. » Elle relate les visions arrivées à ce personnage le 20 mars 1871. Cet écrit est fort extraordinaire. Comme il n'est qu'une faible partie de ce qui nous est promis, nous attendons le tout avant de porter un jugement et de décider si nous le publierons. Cependant, à titre de spécimen curieux, nous allons détacher quelques lignes du manuscrit qui est sous nos yeux. C'est une traduction de l'italien : elle est loin d'être parfaite.

« Ah ! Rome, ah ! Romains ! s'écrie M. Lazzaretti, « je pleure sur vos malheurs futurs, comme Jérémie pleu-« rait, sous les murs de Jérusalem, les terribles événements « de l'avenir. Ah ! Rome, Rome ! je te regarde de la cime « des monts et je tremble; je suis épouvanté et je pleure « pour toi. J'ai beaucoup de choses à te dire sur les mal-« heurs et les calamités que tu dois souffrir, mais pour le « moment je ne le puis, car...... Je te dirai seulement « que le Ciel est irrité de ton..... et les peuples crient jus-« tice. Non, ils ne sont pas loin les jours terribles annoncés « jadis par moi, etc. »

Sept grands personnages, qui semblent être sept anges exterminateurs des sept péchés capitaux, apparurent à M. Lazzaretti. L'un d'eux proféra ces mots : « Mon Créa-« teur, mon Seigneur, nos épées sont prêtes, nous atten-« dons le nombre des victimes ; nos légions sont en ordre ; « l'enfer s'est levé contre elles : ses furies sont terribles; « la rumeur des peuples est universelle, les méchants crient « vengeance; les bons demandent paix et pardon, et, au « milieu de ces deux différentes clameurs, résonnent confu-« sément une multitude de cris qui étourdissent le ciel et « la terre et disent : Justice ! justice !! justice !!! — Mon

« Créateur, mon Seigneur, que devons-nous faire ? A cette
« demande, une voix, d'un ton sévère et terrible presque
« comme le bruit de la foudre qui précède une horrible et
« prochaine tempête, répond : Allez, allez, allez, contre ceux
« qui insultent mon nom, méprisent ma sainteté, profanent
« ma foi, falsifient mon rite, violent ma loi, abusent de mon
« culte, transforment ma vérité et méprisent ma clémence.
« Allez, allez, allez contre les coupables qui sont les enne-
« mis de ma justice et de ma loi. Qu'ils soient enlevés du
« nombre des vivants ! Qui demande le sang paie avec le
« sang ! qui crie vengeance, soit vengé ! qui demande jus-
« tice, soit justifié ! Allez, allez, oui, allez ! mon courroux
« sera calmé par la justice. Donc, justice ! oui, justice, etc. »
Ce même ange se tournant vers le voyant, lui dit :
« Homme de….. ! continue le chemin de ta mission ; sois
« libre dans tes œuvres et affectueux envers tout le monde.
« Ecris, oui, écris chacun de tes événements, et répand tes
« écrits chez tous les peuples ; fais connaître aux citoyens
« romains notre venue dans ce saint lieu. » (*la sainte
grotte de Sant' Angelo della Rupe Santa, près Montorio
Romano, en Sabine*), « afin que par leur intermédiaire tou-
« tes les nations éloignées le sachent. Je t'annonce que
« dans peu Rome perdra son prestige et pleurera la perte
« de son… (Pontife ?) Sa splendeur s'éclipsera pour peu de
« temps. — Ecris, oui, écris tout cela, et joins-le à la narra-
« tion de ton avénement ; car un jour tes écrits seront montrés
« aux peuples, et ils les admireront, confus et tremblants,
« parce qu'ils les reconnaîtront comme le procès de leur mé-
« chanceté prédite déjà par les ordres de Dieu, etc., etc. »

(3) Ce langage est celui des âmes fortes, des âmes qui
vivent avec ardeur dans les écoles de la vertu héroïque,
dans les « fouleries spirituelles », selon l'expression de

saint Jean Climaque ; des âmes qui ont dompté ou s'efforcent de dompter la superbe, en travaillant sans relâche à faire mourir le vieil homme pour vivre de la vie de Jésus-Christ. Ces âmes, si peu connues, si peu comprises et si utiles dans les jours calamiteux, sont pressées, par la puissance de la grâce céleste, de se considérer réellement comme un vil néant, de n'avoir pour soi-même qu'un profond mépris et de se réjouir quand elles sont traitées indignement comme leur divin modèle. Voilà des âmes qui plaisent au cœur de Dieu ! mais, hélas ! elles sont en nombre trop restreint dans notre siècle plein d'orgueil, cette mère de tous les vices ! *initium omnis peccati est superbia*. (Eccli. X, 15.)

(1) Notre ami, M. l'abbé Frachon, qui, en qualité d'interprète, accompagnait Mgr Ullathorne, évêque de Birmingham, lors de son pèlerinage sur la Sainte Montagne, en 1854, nous affirma que bien des pèlerins ayant la faveur de parler à Mélanie, étaient portés, par leur tendre dévotion envers Notre-Dame de la Salette, à baiser les pieds ou le bas de la robe de l'humble bergère, qui était alors chez les religieuses de la Providence de Corenc (Isère). Or, Mgr Ullathorne, témoin de ces faits et craignant qu'ils n'engendrassent la superbe dans la belle âme de cette pieuse fille, âgée, à cette époque, d'environ vingt-trois ans, proposa à Mgr l'évêque de Grenoble de séparer Mélanie du public, en la faisant entrer au couvent des Carmélites de Darlington, en Angleterre. Cette idée d'ailleurs cadrait parfaitement avec le plan déjà conçu par l'autorité de sacrifier Mélanie pour exalter Bonaparte, parce que celle-ci témoignait beaucoup de dégoût pour l'homme qui devait perdre la France. — Dès 1849, elle l'appelait : le fourbe, le traître, l'ingrat, l'hypocrite, le misérable, le cochon, le persécuteur

de l'Église et du Pape. — Ainsi le prétexte de Mgr de Birmingham fut, en apparence, la cause du départ de Mélanie pour l'ancienne île des Saints. Et le tour fut joué ! Aussi, le 27 avril 1854, la victime écrivait-elle à M. l'abbé Frachon une touchante lettre de courageuse résignation. Nous l'avons publiée dans le *Rosier de Marie* du 5 septembre 1853. Mais il est à propos d'en reproduire ici un fragment. « ... Oh !
« bien cher Père, s'écrie Mélanie, je manque de termes
« pour vous exprimer ma douleur. Me voilà exilée ! que
« dis-je ? la terre entière est pour moi un triste exil, mais
« la Montagne était pour moi quelque chose de plus !!...
« Oh ! bon frère Jésus, vous voulez donc me faire essuyer
« le calice d'amertume ?..... *Fiat!* je veux tout, j'accepte
« tout, je me tiens comme ma Mère au pied de la Croix.
« Oh ! mon Père, soyez plus heureux que moi ! que Marie
« vous garde sur sa chère Montagne pour être un autre
« Moïse, qui prie sans cesse pour apaiser la colère de Dieu !
« O heureux habitant de la Montagne bénie ! Que ne puis-
« je avoir le bonheur indicible de *vous baiser les pieds*,
« parce que ces pieds font chaque jour le chemin qu'a fait
« Marie notre Mère !... » Cette dernière phrase n'est-elle pas une pieuse et providentielle ironie contre le prétexte allégué pour faciliter le départ de Mélanie ?

(5) C'est bien là le langage du gallicanisme cr 3663, et m 6. 2. 9. 6, qui voulait avant tout plaire à César, et qui, de concert avec César, devait se déchaîner ensuite avec la rage de Lucifer contre l'Infaillibilité du Pontife romain parlant *ex Cathedra*. — Nous pouvons donc dire hautement que Mélanie avait raison dans ses appréciations supernaturelles et que le Prélat était dans l'illusion, comme bien d'autres d'ailleurs ; car, pendant un temps, Bonaparte joua parfaitement son rôle d'hypocrite. Mais les bombes d'Orsini

et partant la guerre d'Italie et ses suites ont fait voir clairement tout ce qu'il y a d'infâme au fond de l'âme de ce raffiné persécuteur, tombé ignominieusement de son trône par un coup vengeur de la justice divine.

(6) Le 12 juillet 1871, un vénérable ecclésiastique nous écrivait ces lignes : « ... Mélanie a dû entrevoir les fautes de nos trente et un prélats français de la secte darboysienne, au Concile du Vatican, comme trente et une causes déterminantes de nos malheurs : les péchés de l'esprit sont bien pires que les péchés du cœur et du corps attachés à la pauvre humanité ! Ce sont là des fautes que l'on doit vouer au blâme général, pour empêcher les brebis d'écouter l'erreur abritée sous des noms respectables. »

(7) A Marseille, — comme à Grenoble maintenant, — on ne faisait pas grand cas du Secret de Mélanie, c'est-à-dire des paroles mêmes que la Sainte-Vierge confia à celle-ci, en lui recommandant de les publier en l'année 1858. Ces graves avertissements, hélas! ont été salués par l'indifférence et le dédain..... Voilà à quoi tendait la tactique du démon; et nous savons que celle-ci n'a que trop bien réussi. Personne ne peut donc plus douter que Satan a *protégé* le clergé, comme nous l'avons déjà dit, et qu'il le *protège* encore de tout son infernal pouvoir ! A preuve, cette parole récente d'un Prélat français : « Mon avis est qu'il ne faut pas tenir compte du document de Mélanie. »

(8) Page 96, du précieux *Complément* au livre : *Les Secrets de la Salette*, par M. Girard, de Grenoble, nous lisons une lettre de la très-respectable sœur Marie de la Croix, dans laquelle celle-ci dit à l'auteur : « Jamais je
« n'ai écrit à Napoléon; si j'avais dû lui écrire, je lui au-
« rais donné ce que vous avez imprimé sur lui dans le

« document, *et encore plus….* » Or, nous tenons à faire remarquer que cette assertion n'est pas en contradiction avec celle contenue dans la lettre à notre adresse, attendu que Mélanie, comme tout le monde, n'entend avoir écrit à une personne que quand la lettre est réellement envoyée à cette personne.

Nous devons observer que le susdit *Complément* n'est arrivé sous nos yeux qu'au moment où nous expédiions à notre éditeur le manuscrit de cette 3ᵉ édition. Le présent chapitre n'a pu être rédigé que trois semaines après. Ainsi sans nous en douter, nous avions vengé M. l'abbé F.-M. G… des critiques un peu trop tortueuses de M. Girard, lesquelles sont excusables, parce que ce digne avocat des causes saintes est dupe d'une fausseté.

(9) Voilà un trait d'esprit qui sera particulièrement compris par les dignes enfants de saint Ignace, eux qui sont des *hommes spirituels!* Cette allusion, disons plutôt cette *pointe*, pour venir de Castellamare n'est pas moins piquante que bien des pointes de Paris…. rue de Sèvres. Mais l'essentiel à observer ici, c'est que ce passage confirme assez clairement l'application que nous faisons du commencement du Secret de Mélanie, aux prêtres, aux religieux et aux religieuses victimes de la scélératesse communarde de Paris. A ce sujet nous eussions dû remarquer que les paroles de la Sainte Vierge contre les prêtres et les maisons religieuses s'adressent au clergé et aux couvents du monde entier, et qu'en outre elles ne peuvent être prises dans le sens littéral, mais hyperboliquement, comme cela se voit souvent dans le style prophétique. Et s'il y a des âmes qui se révoltent contre le langage de la Vierge Immaculée, c'est qu'elles sont plongées dans l'ignorance, ou entièrement dominées par la superbe, qui les aveugle sur

les misères du monde religieux. Nous avons touché ce point dans notre 1ᵉʳ Supplément à l'*Avenir dévoilé*.

(10) Après lecture de cet exposé justificatif, nous avons reconnu volontiers que la critique exprimée plus haut, à la fin d'une de nos notes du Secret de Mélanie, est un peu outrée à l'égard de cet humble fille. Mais sa charité, nous n'en doutons pas, saura nous excuser, car nous ne pouvions deviner les faits et gestes de la digne sœur Marie de la Croix. Toutefois nous devons ajouter, pour être impartial, que c'était en 1858 et non en 1860 qu'il fallait tenter la divulgation autorisée par la sainte Vierge. Il est présumable qu'en 1858 la Mère de Dieu eût béni l'obéissance de Mélanie, si elle se fût exécutée; elle eût levé toutes les difficultés que les hommes auraient pu susciter. Mais, Mélanie ayant choisi de sa volonté propre l'année 1860, il nous semble que les oppositions et les refus qu'elle a subis sont une punition de sa tardive obéissance. Ce jugement paraîtra peut-être trop sévère, car, d'après le texte même du Secret, on ne peut pas dire que la sainte Vierge ait fait un commandement positif à Mélanie, puisqu'elle lui a dit : « Vous pourrez le publier en l'année 1858. » Cependant il ne faut pas oublier qu'une simple invitation manifestée par la Reine du Ciel doit équivaloir à un ordre formel aux yeux d'une âme fervente. Et dès lors cette invitation pouvait-elle n'être pas exécutée scrupuleusement, ponctuellement, sans différer ?

(11) Cette tournure échappatoire est habile, mais elle ne nous prouve pas que nous ayons tort de prétendre que le Secret *tout entier* de Mélanie devait être divulgué dès 1858. Les points et les etc., marquent bien les omissions faites par Mélanie; mais ceci nous paraît fait arbitrairement. En

cela la pieuse fille a dû suivre son idée personnelle, à savoir que « le monde n'est pas préparé à recevoir tout, » comme elle l'écrivait naguère à M. l'abbé Cloquet. Si la sainte Vierge avait fait des restrictions pour certains passages, Mélanie ne pouvait se dispenser de l'énoncer, par des mentions spéciales, dans la partie du Secret qu'elle a livrée. Ainsi donc le texte, comme il est donné, oblige à croire que c'était dès 1858 qu'il fallait publier toutes les paroles de la Mère des Miséricordes. On pourrait nous objecter cette hypothèse : Mélanie a pu avoir d'autres révélations, et par conséquent d'autres ordres depuis le 19 septembre 1846. Cela ne nous semble pas admissible, du moins en ce qui concerne la date de 1858, car les événements accomplis depuis cette époque prouvent que la sainte Vierge ne pouvait changer cette date et que son cri d'alarme devait retentir dans le monde dès 1858. — Nous regrettons que, dans ses opuscules, M. Girard laisse ce point complètement dans l'oubli.

12) D'accord : mais un des puissants moyens qui devaient produire ces effets, était la divulgation, dès 1858, du Secret *in extenso* de Mélanie. C'était là le moyen qu'avait choisi la Sainte Vierge. Durant les douze années antérieures et remontant jusqu'à 1846, les hommes devaient se préoccuper 1° des menaces exprimées en dehors des Secrets confiés par la Vierge réconciliatrice ; 2° du contenu de ces Secrets à connaître. Et si la divulgation de ceux-ci eût été faite en 1858, par la voix de l'autorité canonique dont l'écho eût été répété par toutes les voix catholiques de l'univers, assurément les grands malheurs eussent été atténués par la conversion, l'expiation et la réparation que réclamait la justice de Dieu. Aussi, nous avouons, en pleurant, que toute cette grave affaire des Secrets a été conduite

d'une manière si déplorable, qu'elle a dû elle-même nous mériter des châtiments, surtout à cause des dédains irréfléchis ou orgueilleux de ceux qui devaient avertir le monde.

(13) C'est là le cri continuel de la Voyante des Alpes, d'accord avec beaucoup de prophéties. Puisse-t-il être entendu et compris de tout le monde ! Toujours les lettres de Mélanie parlent de la France. Dans une précédente, elle nous disait : « ... Prions pour notre malheureuse France si coupable ! Oh ! oui, prions, prions... » — Combien à cette heure, il serait à propos que les prêtres et toutes les âmes vraiment chrétiennes fissent lecture de l'admirable livre intitulé : *La Véritable réparation*, par l'abbé J. M. de N. vicaire général ; in-18, Paris, 1857.

Mélanie, dans une lettre récente à sa sœur Julie, épouse de Jean Oddos, lui dit : « Les malheurs ne doivent pas tarder. Dieu écrasera les uns et flagellera les autres, car nous sommes tous coupables. Le châtiment sera général, mais il fondra particulièrement sur les grandes villes. Prions la sainte Vierge pour qu'elle soit avec nous au moment du combat et de la grande épreuve... »

L'interprète de la Salette, M. Mizorel, curé de Malétable dont nous avons cité plus haut un fragment prophétique, a annoncé qu'il faut se préparer au grand coup et avoir quitté Paris le 16 juillet, sinon... Ce vénérable curé s'est déjà fourvoyé plus d'une fois dans la fixation des dates. Nous verrons si cette fois il a encore avancé une hardiesse téméraire.

(14) Remarquons brièvement que l'union de ces saintes filles est approuvée par le vénérable évêque de Castellamare, Monseigneur Petagna, puis par Sa Sainteté Pie IX.

Que les calomniateurs se taisent au moins, s'ils n'ont assez de force d'âme pour se rétracter, car ils sont signalés comme dignes du mépris des honnêtes gens!

(15) Ceci répond à un passage de notre lettre à la très-respectable sœur Marie de la Croix. Cette réponse est d'accord avec le texte de la lettre précitée à la note 1, mais elle est en contradiction avec une de nos assertions de la note 1, page 91, de notre 1er Supplément à l'*Avenir dévoilé*. La très-honorée sœur a parfaitement raison; notre mémoire s'est trouvée en défaut; nous avions fait confusion dans les récits de M. Frachon. On le voit, l'humble Bergère de la Salette parle toujours pour dire la vérité, car elle aime passionnément la vérité.

(16) Monseigneur Zola, abbé des Chanoines réguliers de Latran. — Voir, dans le *Complément* de M. Girard, les lettres de ce savant et pieux prélat, ainsi que celles de Mgr de Castellamare vengeant Mélanie des diffamations systématiques inventées audacieusement par les ennemis de la Salette, hommes haut placés, mais hypocrites en diable!...

(17) Nous ne demandons pas de changement. La vérité est une, donc une seconde copie ne saurait être que la reproduction de la première; par conséquent elle confirmerait celle de M. l'abbé Bliard. Mais la pièce dont nous avons cru devoir parler à la pieuse sœur Marie de la Croix, renfermerait en outre le complément du texte tronqué, et conséquemment relaterait toutes les paroles de l'entretien secret de la très-sainte Vierge.

Dans une lettre du 21 juin 1871, Mélanie dit à M. Bliard : « ... Si le bon Dieu se laissait fléchir et nous donnait la

« paix, alors je pourrais écrire le message en entier, mais
« non pour le livrer au public. » (*Complément*, p. 88.)
Cette phrase, il faut le dire franchement, est absurde :
elle ne supporte pas la discussion. Il eût été bien plus
sage de ne pas la publier. Tel est notre sentiment en deux
mots; et nous pensons que tout esprit sérieux le partage
sans réserve.

Que les vénérables directeurs de la pieuse exilée soient
bien convaincus que tant que le Secret de Mélanie ne sera pas
publié *in extenso*, l'opposition aura des armes pour attaquer et
tenter d'annihiler le document tronqué donné à M. Bliard.

MÉLANIE
ET
L'AVENIR DÉVOILÉ :

Son Secret et les prochains grands fléaux.

Nous livrons, sans commentaire, une autre lettre
que la très-digne et vaillantissime sœur Marie de
la Croix daigna nous adresser depuis qu'est écrit
le paragraphe précédent, dont nous maintenons
plus que jamais les notes critiques.

« J.M.J. Castellamare, le 15 mai 1872.

« Monsieur,

« Que Jésus soit aimé de tous les cœurs !

« Je viens vous remercier de votre charité pour

les trois livres que vous avez eu la bonté de m'envoyer. Ils m'ont fait un grand plaisir. Que la douce et miséricordieuse Vierge vous en récompense !

« J'ai presque lu en entier l'*Avenir dévoilé* : j'en suis à la page 172, où l'on croit faire une OBSERVATION IMPORTANTE. Il est dit : « ..... Un esprit reli« gieux se demande pourquoi *l'on fait jouer* à la « Mère Marie de la Croix un rôle semi-politique « incompatible avec sa vocation, tout profitable « qu'il peut être aux âmes. Mélanie est Carmélite : « elle devrait être morte pour le monde. Au lieu de « donner par-ci par-là des lambeaux de son Secret « enveloppés dans de pieuses exhortations, elle « devrait le révéler *in extenso*, etc. » (Voir au 1er *Supplément*.) « Puisqu'on dit si bien, dans un autre passage de ce livre, que j'ai été persécutée et que je le suis encore, on devrait savoir que je ne suis plus rentrée dans aucun couvent : je garde mes vœux de Carmélite, oui, et j'en suis plus qu'heureuse. Quand j'ai écrit à ma pauvre vieille mère, j'étais bien loin de penser qu'on imprimerait mes lettres : je n'avais donc pas l'intention de jouer un rôle semi-politique. Puis, il ne faudrait pas avoir de sang dans les veines, en voyant notre pauvre France marcher à grands pas vers sa ruine, et ne pas s'émouvoir, ne pas crier : Faites pénitence ! observez la loi de Dieu ! Et, est-ce parce que je suis Carmélite que je dois être insensible aux maux de l'Église, ma Mère, et à la perte de tous mes frères en Jésus-Christ?... Est-ce parce que je vois bien des prêtres et évêques abandonner la sainte Église, Notre Saint-Père le Pape (sinon tous en paroles, beaucoup en action), est-ce pour cela qu'il faut que je me cache aussi, que j'aie peur de Napoléon, du Gouvernement, des persécuteurs de la sainte Église ? Hélas ! c'est bien parce qu'on a eu peur que le mal en est venu là. Eh bien, moi, la plus indigne des créatures, la plus ignorante, la plus faible, la plus vile, je n'ai peur de personne, je suis fermement attachée au Pape Infaillible, à la sainte Église, et je combattrai le mal de toutes mes forces. Je ne crains rien, et je ne crains pas les hommes parce qu'ils ne sont rien dans les mains du Très-Haut. — Thiers, tout petit et grand qu'il est, n'est que la colère de Dieu sur ma pauvre France; mais qu'il attende encore un peu et nous verrons ce qu'il deviendra...

« On désirerait savoir tout le Secret. Mais que veut de nous le divin Maître? Il me semble qu'il veut notre conversion. Quel profit avons-nous fait de cette petite partie (du Secret) que nous savons ? RIEN... Plus nous aurons reçu, plus nous devrons rendre compte à Dieu. Je ne veux pas rendre ma pauvre France encore plus coupable. Elle veut voir de ses propres yeux : elle verra tellement qu'elle fermera les yeux ; oui elle verra pour son grand malheur ! et elle en aura une indigestion.....

« Prions, prions et ne cessons de prier et d'expier. Si les fléaux doivent arriver, du moins ils pourraient être un peu mitigés par beaucoup de prières et de pénitences. Prions, prions ; ON NE PEUT PAS SE FAIRE UNE IDÉE DES GENRES DE FLÉAUX !... prions beaucoup. Dieu est bon, il ne veut pas notre perte........

« Agréez l'hommage du profond respect avec lequel je suis.

« Monsieur,
 « Votre très-reconnaissante et indigne servante,
 « MARIE DE LA CROIX, Victime de Jésus.

« L'œil de Dieu veille sur moi.
« Mon salut est dans la ☨.

« VIVE NOTRE-DAME DE LA SALETTE ! »

Paris et Marseille.

D'après une source très-authentique, voici des détails qui confirment les prédictions de malheur contenues dans les deux lettres précédentes.

A la fin d'avril ou au commencement de mai 1872, la révérende sœur Mélanie écrivait à sa mère, à Corps (Isère), en joignant à sa lettre un mot particulier pour sa bonne sœur Julie, qui, avec son mari, habite Marseille. Or, ces deux lettres ayant été lues par une personne qui en rendit compte dans le pays, bientôt la police en fut informée. Alors un agent alla chez la mère de Mélanie, et il la força de brûler la lettre à l'adresse de Julie, en donnant pour raison que son contenu alarmait trop le public. En effet, Mélanie invite sa sœur de ne pas tarder à quitter Marseille, sans doute parce que cette ville doit être prochainement engloutie, selon la prédiction faite par la Sainte Vierge dans son Secret à l'humble Bergère. Mélanie supplie aussi qu'on écrive à son frère qui est à Paris, afin de l'en faire partir, parce que la Babylone moderne va être détruite... Elle dit encore que des choses terribles qu'on n'a jamais vues vont éclater.....

Ces annonces concordent avec 1° le Secret précité de Mélanie ; 2° les prophéties ci-dessus du curé d'Ars, du religieux Belge, de saint Césaire, de Nostredame, d'Anselme, de Palma, du père Ricci et de Prémol, où le voyant s'écrie : « Jérusalem ! Jérusalem ! sauve-toi du feu de Sodome et de Gomorrhe et du sac de Babylone ! etc. ; » 3° les prophéties de Marie Lataste, d'Orval, du père Necktou, de Grenoble, du père Botin (voir l'*Avenir dévoilé*, pages 76, 118, 131, 135, 139) ; 4° les prophéties de l'Apocalypse, de la sœur Emmerich, de Marie Lataste, du prince de Hohenlohe, de l'abbé Souffrant, de la sœur de la Miséricorde, tiercaire Trappistine, de Nostredame, de Marianne de Blois (voir le *Supplément*, pages 38 à 40, 43, 52, 77, 126, 162, 196) :

5° la prédiction du B. Labre qui, dans sa lettre au Pape Pie VI, annonce que Paris sera détruit à cause de ses blasphèmes; une pierre, ajoute-t-il, n'y restera pas sur l'autre; 6° enfin toutes les prophéties relatives au grand coup du Ciel, qui coïncidera avec les affreux événements du très-prochain cataclysme socio-politico-religieux, auquel se rattache aussi un récent avertissement céleste que personne n'a encore osé publier malgré son incontestable authenticité. Nous en donnons une courte relation dans le paragraphe suivant. Elle est tirée d'une lettre de M. l'abbé C..., professeur au petit séminaire Montgazon, à Angers.

L'Apparition de Pouillé.

Dans les journées des 13, 15 et 16 février 1872, la très-sainte Vierge apparut cinq fois à une petite fille nommée Eugénie Prudhomme, qui demeure à Pouillé, près Ancenis (Loire-inférieure). Le 16 février, l'apparition eut lieu dans l'église de Pouillé, au moment où s'y trouvaient les petites filles de l'école de ce village avec leur institutrice. Alors on chanta l'*Ave Maris Stella* : durant la strophe *Monstra te esse matrem*, la Sainte Vierge souriait. L'un des jours précédents, la Mère de Dieu avait dit à la petite Eugénie que les malheurs de la France n'étaient pas encore finis. Elle lui parla de « *la guerre des rouges,* » lesquels doivent faire beaucoup de mal, surtout dans les endroits où l'on ne revient pas à Dieu.

L'autorité ecclésiastique ne semble prêter aucune attention, jusqu'à présent, à cette miraculeuse apparition, mais les habitants du pays y croient fermement, et ils sont fort effrayés de l'annonce de « la guerre des rouges, » c'est-à-dire de la guerre civile qui éclatera lors de la révolution dont il est notamment question dans 1° les prophéties ci-dessus rapportées de la vén. Taïgi, du curé d'Ars, d'Anselme, de la Mère du Bourg, d'Élisabeth Mora, de Prémol; 2° la vision sur la prochaine crise générale, le Secret de Mélanie, etc.

Complément de la prophétie du Curé d'Ars.

Nous apprenons tardivement que le frère Lazariste, qui a recueilli la prophétie précitée de M. Vianney, a fait, au mois d'août 1871, une dernière communication à ses supérieurs. Celle-ci complète et peut-être rectifie le texte que nous donnons ci-dessus, p. 12-13. Elle est extraite de la 1e édition des *Voix prophétiques.* Nous y joignons, en caractères italiques, nos propres interprétations. Au lecteur de méditer et de conférer la pièce suivante avec l'autre texte.

« La grosse affaire n'est pas passée, dit le Frère
« Lazariste. Paris sera démoli et brûlé tout de bon,
« pas tout entier cependant. » (*Ainsi les horreurs
sauvages de l'ignoble Commune prussienne, de 1871,
ne sont qu'un petit essai.*) « Il arrivera des choses
« plus terribles encore que celles que nous avons
« vues » (*lors de l'invasion prussienne et du règne
des communards*). « Mais il y aura une limite que
« la destruction ne franchira pas. »

On se demande naturellement où sera cette limite.
Or, le frère déclare ne pas le savoir. « Pourtant,
« ajoute-t-il, nous serons en deçà, et je ne voudrais
« pas quitter la maison. » (*Par déduction, ceci laisse
assez supposer que le quartier Saint-Sulpice et le
faubourg Saint-Germain, au moins, seront épargnés
dans la destruction de Paris. Notre manière de voir
pourra rassurer un certain nombre de personnes, mais
nous les prions de se garder d'une confiance trop
optimiste : elles pourraient avoir lieu de s'en repentir. Qu'elles veuillent méditer certains passages de la
lettre faisant l'objet du paragraphe suivant.*)

Le vénérable curé d'Ars a parlé au bon frère des
négociations relatives à la libération du territoire
français occupé par les troupes allemandes. Ensuite
il lui dit : « Ils » (*les Prussiens*) « reviendront » (*par
une nouvelle invasion, en France*). « Cette fois on se
« battra pour tout de bon ; car, la première fois, »
(*en 1870-71,*) « ils » (*les soldats français, ou plutôt*

les officiers supérieurs), « ne se seront pas bien
« battus, » (*c'est-à-dire sans avantages sur l'ennemi;*)
« mais alors ils se battront » (*avec succès*), « oh !
« comme il se battront ! » (*comme ils seront victo-*
rieux !)

« Ils » (*les ennemis*) « laisseront bien brûler Paris,
« et ils en seront contents. » (*Cette parole semble se
rapporter aux incendies effectués par les commu-
neux, en mai 1871, alors que le Prussien débordait
de joie en voyant les flammes dévorer les palais de
la capitale maudite. Cependant ce passage s'appli-
que sans doute aussi aux incendies à venir, lors de
la grande et prochaine crise.*) « Mais on les battra »
(*les Prussiens*) « et on les chassera pour tout de bon »
(*du pays, même de la Lorraine et de l'Alsace*).

« Je ne sais, » ajoutait M. Vianney à son confident,
« je ne sais pourquoi je vous dis cela ; mais le temps
« venu, vous vous en souviendrez, et vous serez bien
« tranquille ainsi que ceux qui vous croiront. »

Confirmation des prochaines catas-
trophes prédites.

Le 22 juin 1872, un vénérable ami nous trans-
mettait une lettre d'un haut intérêt d'actualité qu'il
venait de recevoir du digne ecclésiastique qui l'a
écrite. En la lisant, aujourd'hui dimanche 23, elle

nous démontre, une fois de plus, les folies et les stupidités écœurantes des optimistes endormis et endormeurs qui, en ce jour, nous environnent de près, et qui, hélas ! insultent la vraie France humiliée et malheureuse. Mais, aux fêtes insensées retentissant à nos oreilles, encore que nos yeux ne veuillent rien voir, vont succéder le cliquetis des armes meurtrières et les angoisses de la mort et des épouvantements, car cette lettre confirme l'imminence des catastrophes et des prodiges annoncés dans le présent opuscule. — Nous faisons des vœux pour que notre livre puisse paraître avant qu'éclatent les vengeances célestes, mais nous craignons de n'être pas exaucé, attendu que, d'ici-là, le temps sera bien court... Vous allez comprendre, si vous n'avez déjà compris par ce qui est dit précédemment.

« .....20 juin 1872,

« Mon cher ami, vous connaissez de réputation M. l'abbé de Brandt : il arrive de Frohsdorf, d'Oria, de Naples, de Rome et de la Salette. Il a vu Henri V pendant trois heures, Pie IX pendant deux heures au moins, Mélanie pendant une demi-journée, puis la sainte veuve Palma (l'extatique d'Oria), à deux reprises et plus d'une heure chaque fois. Enfin, il a reçu communication d'une lettre du curé de Malétable (*dont nous avons cité plus haut un fragment prophétique,*) et des précautions prises par des personnages haut placés, qui habitent Paris. C'est son voyage que je me propose de vous raconter brièvement.

« M. de Brandt passa par Versailles, en allant à Frohsdorf, pour y prendre la correspondance de nos députés légitimistes, car leurs communications avec l'auguste Chef de la Maison de France ne sont pas toujours sûres d'arriver. Porteur d'une vingtaine de lettres de ces Messieurs, il s'arrêta à Vienne (Autriche), d'où il écrivit au Roi pour savoir s'il serait visible tel jour, à telle heure. On lui télégraphia d'arriver, qu'il était attendu.

« Entre autres choses, Mgr le comte de Chambord lui dit : « Je suis assuré d'un fait, c'est que je serai « le salut de la France. Mes manifestes, je les ai écrits « et lancés sans prendre avis de personne, mais « après avoir beaucoup prié. Je ne regrette pas une « seule de mes expressions, ni un seul de mes actes... « Mon neveu, Don Carlos, n'a pas pris conseil de « moi. Je *crains* que sa conduite n'ait été un peu « précipitée ; il a beaucoup de risques à courir ; mais « Dieu aime les Bourbons, et les Bourbons *vrais* le « lui rendent. »

« De Frohsdorf, M. de Brandt se dirigea vers Oria. Grâce à des lettres de recommandation qu'il s'était fait envoyer par un cardinal, il put voir la signora Palma. Depuis plus de sept ans, cette stigmatisée n'a pris aucune nourriture matérielle. Trois fois par jour, Notre-Seigneur *s'apporte* à elle ostensiblement.

sous la forme d'une hostie ordinaire, et M. de Brandt a vu, de ses yeux, *une* de ces communions merveilleuses. Du reste elle communie tous les matins de la main d'un prêtre. — L'interprète de M. de Brandt était un confrère que vous connaissez.

« Voici quelques particularités de la conversation, très-authentique cette fois, de cette femme extraordinaire; car le vénéré et digne M. de Brandt, qui me les a rapportées, n'est pas un menteur. D'abord la voyante lui a dit qu'elle le connaissait pour avoir eu des difficultés avec son évêque, à propos de direction des âmes, mais qu'il avait toujours été dans le bon chemin, et qu'il fallait continuer. ...... Ensuite elle a dit: « Il y aura des massacres affreux de prê-
« tres et de religieux en Espagne, en France, en
« Italie et surtout dans la Calabre : *ce sera bientôt,*
« NOUS Y TOUCHONS. » Puis, s'illuminant tout à coup, elle a parlé du bonheur du martyre avec des accents ineffables...

« M. de Brandt avait pour consigne de ne lui poser aucune question de pure curiosité; mais il a cru pouvoir se hasarder à lui demander si ces massacres auraient lieu le 15 juillet, comme on le lui avait fait dire dans *l'Univers* (1). « J'ai dit cela?

(1) L'*Univers* du 17 mars 1872, que nous avons cité plus haut, ne fixe pas la date du 15 juillet; il dit seulement : «... Au mois de juillet prochain (il y a une date), l'Espagne, la France et l'Italie, etc. » D'ailleurs l'*Univers*, dans un de ses n°˙ subsé-

« fit-elle, je n'en sais rien ! ce que je dis dans l'ex-
« tase, je n'en conserve pas le souvenir. Je connais
« bien l'époque, mais je ne puis la révéler solen-
« ment.... Il y aura trois jours de ténèbres ; pas un
« seul démon ne restera en enfer : tous en sorti-
« ront, ou pour exciter les bourreaux, ou pour dé-
« courager les justes. Ce sera affreux ! affreux !!!
« Mais une grande CROIX apparaîtra ; et le triomphe
« de l'Église aura vite fait oublier tous les malheurs ! »

« A Rome, M. de Brandt a dû rendre, au prélat
secrétaire du Pape, un compte très-détaillé de tout
ce qu'il a vu et entendu à Oria. Puis il a eu une
longue conférence avec le Saint-Père. Sa Sainteté
jouit d'une santé plus que florissante ; elle est miraculeuse. Pie IX croit aux prophéties de l'extatique
d'Oria ; il paraît plein de confiance dans l'avenir ;
il est dégoûté de tous les gouvernements actuels.

« Mélanie porte l'habit religieux ainsi que sa fidèle
compagne ; elle fait la classe à cinq ou six jeunes
filles ; elle est sous l'obéissance immédiate de l'évê-

séquents, rectifie les dires erronés de son correspondant romain. Il n'y a pas de date dans la prophétie de Palma. Il n'y
a de vrais que les rayons lumineux de justice et de miséricorde
s'échappant de la grande croix céleste. Palma n'a pas nommé
les nations que le Seigneur veut châtier, ni celles dont il aura
pitié.

M. le docteur Imbert, de Clermont-Ferrand, prépare un ouvrage
fort intéressant sur l'extatique d'Oria. Il paraîtra à la fin de
cette année.

que de Castellamare-di-Stabia, ville située à six lieues de Naples. Elle a continuellement des visions et se trouve en relation fréquente avec Palma, qu'elle n'a jamais vue; ainsi, c'est surnaturellement qu'elle s'entretient avec celle-ci presque tous les jours. L'extatique d'Oria a beaucoup parlé de Mélanie à M. de Brandt, et Mélanie aussi lui a beaucoup parlé de Palma. Mais passons (1).

« Mélanie venait d'écrire à son frère qui habite Paris, et à sa sœur qui est mariée à Marseille, de quitter ces deux villes en toute hâte, car la catastrophe est imminente. Celles de ses lettres qui ont paru dans les journaux, Dieu l'avait forcée à les écrire, et c'est à peine si elle en sait le contenu; mais elle est certaine de n'avoir dit que l'exacte vérité. Pourquoi ne pas dévoiler tout le Secret de la Salette? lui a-t-on dit. — Parce qu'il contient de tels secrets de la miséricorde divine, qu'en les apprenant, les hommes au lieu de prier pour conjurer les événements, auraient hâte de les voir arriver, afin de jouir plus vite du triomphe inouï de l'Église.

« Enfin l'interprète de la Salette, M. Migorel, curé de Malétable, a écrit une lettre dans laquelle il

(1) Palma est aussi en communication surnaturelle avec Louise Lateau, la stigmatisée de Bois-d'Haine, en Belgique.

annonce que cette fois il faut se préparer, et qu'il faut avoir quitté Paris le 16 juillet, sinon.... (1)

« Le Maréchal Canrobert et quatre généraux dont M. de Brandt m'a cité les noms, ont donné l'ordre à leurs familles de quitter Paris sur-le-champ, à cause des événements qui se préparent... »

Après une telle communication, il reste à tout le monde à mettre sa conscience en règle, et à se tenir prêt pour le grand coup du Ciel !

(1) Pour parler ainsi, il faut que ce vénérable curé-prophète ait eu une révélation bien positive ; car, le 2 octobre 1869, il écrivait les lignes suivantes rétractant ses premières hardiesses téméraires : « Il faut être extrêmement réservé dans les applications et surtout dans les fixations d'époques. Je me suis moi-même plusieurs fois trompé en jugeant des choses comme on juge ordinairement de la distance des objets que l'on considère à l'horizon. Si vous voyez, par exemple, plusieurs sommets de montagnes dans la même direction, vous pouvez peut-être évaluer à peu près la distance qui vous sépare du premier ; mais comme les larges vallées, qui sont de l'autre côté, sont dérobées à votre vue, vous croyez facilement, quoique souvent à tort, que le second sommet est très-rapproché du premier et que peut-être même il repose sur la même base. Celui à qui le Seigneur daigne soulever un peu le voile de l'avenir, se trouve exposé à cette méprise, lorsque l'époque de certains faits subséquents lui demeure cachée : il juge ces derniers faits très-rapprochés des premiers, ce qui souvent n'a pas lieu. »

Encore les Fléaux, puis enfin le Triomphe annoncés par Mélanie à un Français d'Alsace.

Notre excellent ami, M. J....., d'A.... (Bas-Rhin), nous a communiqué l'autographe d'une lettre inédite, en date du 16 juin 1872, qu'il a reçue de la digne sœur Marie de la Croix. Nous en extrayons les lignes suivantes qui complètent les prédictions de la voyante contenues dans ses lettres consignées ci-dessus.

« ..... Nous sommes tous coupables ! s'écrie
« Mélanie, on n'a pas fait pénitence ; le mal aug-
« mente toujours. Ceux qui devraient se montrer
« pour le bien ont peur. Le mal est grand. Un
« châtiment mitigé ne sert qu'à irriter les esprits,
« car on regarde toutes choses, à la manière hu-
« maine. Sans châtiment, Dieu pourrait faire un
« miracle pour convertir et changer la face de la
« terre. Dieu fera un miracle : ce sera un coup de
« sa miséricorde, mais après que les méchants se
« seront enivrés de sang, les fléaux arriveront.
« Et quels seront les pays préservés ? où devrons-
« nous aller ?.... Je demanderai à mon tour, quel
« est le pays qui observe les commandements de
« Dieu ? quel est le pays qui ne craint pas l'homme
« quand il s'agit des intérêts de l'Église, de la gloire
« de Dieu ?...

« .... Pour ma Supérieure et moi, je me suis
« souvent demandé où nous pourrions nous réfugier,
« si nos moyens de voyage et d'existence nous le
« permettaient, et à la condition que personne ne
« le sût ; mais je renonce à ces pensées inutiles.

« Nous sommes bien coupables ! aussi est-il né-
« cessaire qu'un grand et terrible fléau vienne ré-
« veiller notre foi et nous redonner la raison que
« nous avons presque entièrement perdue (1).
« Les méchants sont dévorés du besoin d'exercer
« leur cruauté ; mais quand ils seront dans le plus
« fort de leur barbarie, Dieu lui-même y mettra la
« main et, bientôt après, les hommes qui vivront
« seront tous changés. Alors on chantera le *Te*
« *Deum laudamus* de la plus vive reconnaissance
« et de l'amour. La Vierge Marie, notre Mère, sera
« notre libératrice ; la paix régnera et la charité de
« Jésus-Christ unira tous les cœurs.

« **L'Alsace redeviendra** *française* (2).
« Prions, prions... Dieu ne voudrait pas nous châ-

---

(1) Nous savons en outre que, dans une lettre écrite à peu de jours d'intervalle de celle-ci, Mélanie dit à sa sœur Julie, la bonne et pieuse épouse de Jean Oddos : « Les malheurs ne doivent pas tarder, Dieu écrasera les uns et flagellera les autres, car nous sommes tous coupables. Le châtiment sera général, mais il fondra particulièrement sur les grandes villes. Prions la Sainte Vierge pour qu'elle soit avec nous au moment du combat et de la grande épreuve. »

(2) Ceci annonce implicitement des revers immenses pour la

« tier si sévèrement ! Il nous parle en tant et tant
« de manières pour nous faire revenir à Lui !....
« Jusques à quand aurons-nous la tête dure ?...
  « Prions, prions et ne cessons de prier et d'expier.
« Prions pour notre Saint-Père le Pape, la seule
« lumière des fidèles dans ces temps de ténèbres.
« Oh ! oui, prions beaucoup ! Prions la bonne, la
« douce, la miséricordieuse Vierge Marie ; nous
« avons grand besoin qu'elle tienne sa puissante
« main sur nos têtes ! »

Ces annonces terribles et consolantes tout à la fois, corroborent toutes nos prophéties relatives à la crise actuelle. Elles se passent de commentaires. Mais, courage et confiance ! crions-nous de toute notre âme aux nobles villes de Strasbourg et de Metz, et à tous nos frères de Lorraine et d'Alsace dont le cœur bat et battra toujours pour la mère-patrie. Oui, courage et confiance ! *Sursum corda !* car la revanche nationale ne tardera pas, grâce au retour prochain du drapeau blanc de la vraie France, du drapeau fleurdelisé qui a fait et refera l'unité de la

Prusse. Dans une audience publique, Pie IX vient de les prédire, ces revers, quand, en parlant de l'empire d'Allemagne, Sa Sainteté s'écriait : « Une pierre se détachera de la montagne et renversera le colosse. » Qu'on retienne cette parole. Elle est une véritable prophétie qui s'accomplira, car elle s'harmonise parfaitement avec les signes mystérieux des vitres miraculeuses et les autres voix inspirées annonçant l'effondrement de cet empire tudesque, hypocrite persécuteur de la Sainte Église Catholique !

grande Nation ! Des oracles célestes nous apportent cette douce espérance, comme naguère l'illustre et révérend Père Monsabré le prophétisait lui-même, du haut de la chaire de la cathédrale de Metz, dans la péroraison pleine d'éloquence patriotique de son discours de clôture quadragésimale. C'était le saint jour de Pâques de 1871 : les Messins ne l'oublieront jamais. Écoutez :

« .... Les peuples aussi ressuscitent, quand ils ont été baignés dans la grâce du Christ, et quand, — malgré leurs vices et leurs crimes, — ils n'ont pas abjuré la foi, l'épée d'un *barbare* et la plume d'un *ambitieux* ne peuvent pas les assassiner pour toujours.

« On change leur nom, mais non pas leur sang. Quand l'expiation touche à son terme, ce sang se réveille et revient, par la pente naturelle, se mêler au courant de la vieille vie nationale.

« Vous n'êtes pas morts pour moi, mes frères, mes amis, mes compatriotes !... Non, vous n'êtes pas morts. Partout où j'irai, je vous le jure, je parlerai de vos patriotiques douleurs, de vos patriotiques aspirations, de vos patriotiques colères ; partout je vous appellerai des Français, jusqu'au jour béni où je reviendrai dans cette cathédrale, prêcher le sermon de la délivrance et chanter avec vous un *Te Deum* comme ces voûtes n'en ont jamais entendu. »

Une nouvelle Jeanne d'Arc.

Depuis l'invasion Allemande, il est question dans le monde religieux d'une nouvelle Jeanne d'Arc, originaire de la Lorraine. Nous en avions dit un mot dans la première édition, ce qui nous valut quelques communications complémentaires. A cette heure d'anxiété générale, elles sont d'un piquant intérêt. Sans préjuger leur valeur réelle, nous allons les publier d'après deux lettres de M. l'abbé G..., curé de D..., au diocèse de V...

Mademoiselle Zoé Tanaré (et non pas *Canari*) est une paysanne illettrée, âgée de vingt-trois ans. Elle habite F..., village de six cents âmes, situé à 7 kil. Nord-Ouest de V... et à 11 kil. de D...

Le 25 avril 1871, le vénérable curé de D... est allé à F... pour recueillir des renseignements authentiques sur cette soi-disant future héroïne. Il apprit que Zoé avait vu la très-sainte Vierge le 10 juin 1870. Alors la Reine du ciel lui avait annoncé que la France serait bientôt engagée dans une guerre des plus sanglantes. Toutefois la sainte Vierge défendit à Zoé d'en parler avant la déclaration de guerre.

Cette fille écrit elle-même ses révélations, mais sans orthographe. A la date précitée du 25 avril, elle en avait déjà au moins huit pages. M. G... en a lu une grande partie. La voyante annonce des malheurs..., des massacres..., la ruine de Paris..., un semblant de paix..., une seconde Jeanne d'Arc devant surgir du département de la Meuse. — Après lecture de ces tableaux prophétiques, M. G... s'est écrié comme bien d'autres : « Une telle paysanne n'a pu concevoir d'elle-même un pareil plan! »

Depuis le voyage de M. G..., Zoé eut une vision durant laquelle il lui fut dit qu'elle serait elle-même l'héroïne, — libre de porter un costume militaire, si elle le veut. La mission de cette fille aurait pour but d'opérer notre revanche contre le Prusse et d'aller chercher le personnage que le ciel lui désignerait comme roi de France. — Rappelons-nous que Marianne de Blois dit : « Le Prince ne sera pas là; on ira le chercher. — Une fois sa mission accomplie, Zoé entrerait dans une maison religieuse.

Zoé continue à recevoir des révélations sur sa future mission. Pendant une de ses visions, elle aurait demandé, d'après le conseil de quelqu'un, si la Lorraine et l'Alsace seraient rendues à la France, mais elle ne reçut alors aucune réponse. Dernièrement, elle crut devoir écrire à l'une des premières autorités de son département. Comme bien vous pensez, sa lettre fut mal accueillie.

L'année dernière, Zoé fut interrogée par un supérieur ecclésiastique de V... Après les réponses celui-ci ajouta : « Ce que vous avancez *paraît* renfermer des contradictions; or, Dieu ne se contredit pas. »

Et Zoé de répliquer : « Je ne crois pas que ce soit le diable qui me parle. »

Quant au mot ÉVANGILE, imprimé, disait-on, dans un de ses yeux, il n'a pu être distingué après un examen attentif fait par des personnes dignes de foi. Celles-ci affirment qu'elles n'ont vu qu'un *point rouge*. Et Zoé a déclaré que, dans une vision, on lui avait révélé la signification de ce point rouge.

Sachant que M. l'abbé M..., curé de F..., avait en dépôt le cahier des révélations de Zoé Tanaré, nous voulûmes recourir à sa charitable obligeance pour satisfaire notre légitime curiosité. Or, voici textuellement la réponse que nous adressa notre respectable compatriote meusien :

« F..., 11 mars 72.

« Mon cher Monsieur,

« Je regrette vivement de ne pouvoir acquiescer à votre désir de recevoir quelques communications sur les révélations de ma paroissienne.

« Pour le moment, l'affaire est entrée dans sa phase secrète et silencieuse; et non-seulement les laïcs, mais les prêtres eux-mêmes n'en savent plus rien.

« Ce n'est plus moi qui suis chargé de la direction de la jeune personne, et je suis obligé au silence sur tout ce que je sais.

« Je ne puis donc vous donner aucun renseignement à mon grand regret.

« Recevez, monsieur, mes salutations respectueuses.

« M..., curé de F..... »

Puisque l'autorité canonique daigne s'occuper de cette affaire, c'est bon signe. Toutefois sachons attendre son jugement.

Si Zoé Tanaré doit jouer un rôle providentiel pour sauver la France, le moment n'est pas encore venu, bien qu'il puisse arriver cette année, ou plutôt l'année prochaine. Pour croire à la mission de cette fille, il faudra bien des preuves péremptoires. Cependant la France n'ayant pas dans ses gouvernants actuels un seul homme capable de sauver le pays, l'intervention divine paraît nécessaire, surtout à cause de la division des esprits qui fera couler des flots de sang. Alors Dieu pourrait bien susciter une humble femme pour confondre l'orgueil des girouettes qu'une prochaine tempête renversera infailliblement. Patientons donc avant de voir si le salut de notre malheureuse patrie viendra par une paysanne de F..., comme il arriva autrefois par une bergère de Domremy.

Un sauveur inattendu.

Nous avons appris de diverses sources fort respectables, tant françaises qu'italiennes, qu'un jeune Italien, appelé *pour le moment* David Lazaretti, c'est-à-dire petit Lazare ou ressuscité, doit jouer un grand rôle dans les événements futurs de la France et de l'Italie. C'est un ancien garibaldien, originaire de Toscane. Il se trouvait à la bataille de Mentana. Peu après, un coup de la grâce divine opéra sa miraculeuse conversion. La Sainte Vierge, saint Pierre, saint Michel archange et Manfred Pallavicini lui apparurent. Alors le prince des Apôtres lui imprima sur le front une couronne royale et une étoile visibles aux yeux de tout le monde. Depuis ce moment, ce personnage mène une vie d'ermite et de pénitence dans la grotte de Sant Angelo della Rupe Santa, près Montorio Romano, dans la Sabine, non loin de Terni et de Rome. Ses œuvres portent déjà leurs fruits, car il a ramené dans la bonne voie plus de trois cents jeunes gens qui s'apprêtent à défendre l'Église au prix de leur sang, quand l'heure de la Providence sonnera.

M. Lazaretti est très-estimé de l'autorité ecclésiastique. Il a composé une belle brochure, puis publié d'étonnantes prophéties le concernant, et que nous espérons posséder bientôt en entier.

Dans une de ses visions, il lui fut ordonné d'aller

rebâtir l'ancien couvent de Sant Angelo, qui doit être un jour l'asile de grands saints. S'étant rendu à cet endroit, il trouva le monastère dans l'état qui lui fut représenté dans la vision. Aidé par les bons paysans du pays, il commença l'œuvre de reconstruction. Le travail est fort avancé. Mais M. Lazaretti a dû retourner en Toscane à *Monte Labro in Arcidosso provincia Grosselana*, pour y faire bâtir une grande église.

A Montorio Romano, M. Lazaretti est reconnu comme un saint homme, envoyé de Dieu pour délivrer l'Italie des malheurs qui pèsent tant sur elle, comme Moïse fut envoyé aux Juifs pour les délivrer de la servitude d'Égypte; et l'on s'accorde à répéter que le salut doit sortir de la grotte de Sant Angelo della Rupe Santa.

Naguère, cet homme favorisé a découvert le tombeau et les restes mortels d'un fils de Peppin. Voici en quels termes on nous écrivait sur ce sujet, le 5 décembre 1871 : « Un MORT lui est apparu dans la caverne où il fait pénitence. Ce *mort* lui a dit : « Creuse à cet endroit ; mais tu mourras, si tu creuses sans témoins. » Il en a appelé : il y avait beaucoup de prêtres. Il a creusé ; on a trouvé des ossements. Le *mort* était toujours présent. La découverte faite, il a dit : « Ma mission est remplie ; lis sur la pierre tombale. » — Tous les assistants ont lu : FILIUS PEPINI. — « Tu es mon descendant, tu seras roi de France :

« tu seras conduit sur les bords du Rhin par l'empe-
« reur de Russie, qui dira : Français, voilà votre roi !
« Tu vaincras toute l'Allemagne, l'Italie et la Grèce
« et l'Espagne ; tu convertiras les musulmans. En
« Allemagne, tous les soldats couverts d'habits blancs,
« avec une croix, triompheront sans tirer l'épée,
« avec le secours de la prière. Ils auront sous eux des
« armées invincibles bien disciplinées.... »

D'après ce texte, Lazaretti serait donc un descendant de Peppin. Mais le *mort* qui lui est apparu, quel est-il ? un Bourbon, sans doute ; peut-être Louis XVII. Aussi des gens qui ont leurs plans à eux, sans assez se courber aux décrets du Ciel, trouvent tout naturel de crier : Encore un faux Louis XVII ! car ils ont peur qu'il soit *vrai* et légitime.

Abordons un mot d'explications. — Il est reconnu et prouvé que le duc de Normandie vivait encore en 1851. Il est reconnu et prouvé que le livre intitulé : *Louis XVII, sa vie, son agonie, sa mort*, par M. de Beauchesne, est une histoire archifausse, une histoire grassement payée pour effacer, s'il se pouvait, les fautes des Bourbons relativement aux droits sciemment méconnus de l'infortuné fils du roi-martyr. Mais Louis XVII vit-il encore à cette heure ? Tout porte à croire que non. Cependant plusieurs personnes, se disant bien renseignées, pensent que le duc de Normandie aurait un descendant très-légitime, attendu qu'en raison de sa piété, il a pu être mari selon les lois de l'Église. Et cela suffit, cela seul es[t] indispensable. On sait qu'à ses derniers moments l[a] duchesse d'Angoulême, bourrelée de remords [à] l'égard de son frère, a donné commission de remet[-]tre au Souverain Pontife des pièces très-importante[s] sur ce sujet.

Si David Lazaretti est un fils de Louis XVII, s[a] vie sainte le rend doublement digne d'être le pré[-]curseur d'Henri V; son règne serait très-court e[t] *comme une réparation envers son père*, car, aprè[s] sa mission remplie, il doit céder le trône au Comt[e] de Chambord et retourner dans sa chère solitude[,] pour s'y livrer à la vie eucharistique. La Prophé[-]tie de Blois, en effet, semble fortifier ce senti[-]ment par ces paroles : « Ce ne sera pas celui qu'on « croira qui règnera d'abord; ce sera le sauveur ac[-]« cordé à la France et sur lequel elle ne comptai[t] « pas. » Qui compte sur un Fils de Louis XVII?

Et voilà justement que nous venons de découvri[r] une pièce prophétique, qui paraît concorder d'une manière frappante avec les prédictions sur David Lazaretti. Cette pièce remonte au xiie siècle. Elle fut imprimée dans le *Mirabilis Liber* de 1524. Elle émane vraisemblablement d'Anselme évêque de Marsico-Nuovo, car elle se trouve — avec quelques variantes, il est vrai, — dans les vaticinations de ce pontife Napolitain, ainsi que dans le *Livre Merveil*[-] leuse de l'ermite Théolofre. La voici divisée sous trois titres :

UNE BONNE PRIÈRE SERA COMPTÉE POUR UN TRÉSOR AUX PAUVRES.

« Il y aura un homme » (*David Lazaretti*) « qui « vivra dans une grotte » (*celle de Sant Angelo della Rupe Santa*), « de la manière la plus frugale » (*vie d'ermite*), « et sera constamment dans les pleurs « et les gémissements, et dans le détachement de « tout, quand une étoile apparaîtra » (*l'étoile imprimée sur le front de Lazaretti ou bien le Pape* Lumen in cœlo).

CHARITÉ.

« Le sceptre » (*royal de France*) « sera subite-« ment et comme par enchantement remis à un « homme du nom de N. (*Normandie, comme fils du « duc de Normandie*); « le ciel l'aura annoncé, car « trois fois une voix d'En-Haut, partie d'un être « invisible, criera avec force : Hâtez-vous d'aller à « l'Occident » (*en France*), « et vous trouverez-là un « homme » (*Henri V*) « qui est mon ami : Amenez « le juste dans les demeures royales » (*aux Tuileries reconstruites*); « doux et ingénieux, habile « surtout à lire dans l'avenir, il trouvera le chemin « de l'empire. »

RÈGNE DE LA CONCORDE.

« Voici l'homme de la race mystérieuse » (*de Louis XVII*) « qui, venu dans un dénûment complet, de sa grotte ténébreuse » (*obscure comme une caverne*), « va commencer une vie éclatante » (*comme héros et défenseur de l'Église et du droit divin*); « image la plus vraie de la vie édifiante » (*qu'il pratique dans la solitude, et qu'il y continuera, après sa mission remplie en faveur d'Henri V*).

N'est-ce pas que la concordance est d'une surprenante exactitude? Cependant la circonspection la plus élémentaire, nous oblige à n'attacher aux détails d'un merveilleux si extraordinaire, qu'une confiance pleine de réserve, attendu que nos correspondants ont pu être induits en erreur, et glisser par conséquent des exagérations dans leurs récits. Nous-même pouvons être trop complaisant en établissant une concordance avec une prophétie qui, malgré son antiquité, peut être apocryphe. Nous sommes sévère envers nous-même. Reste à savoir si le lecteur compétent, n'est pas encore plus sévère que nous.

Nous venons de parler d'un sauveur inattendu, et dans le paragraphe précédent, nous nommons aussi une libératrice inattendue. Déjà beaucoup de personnes se demandent lequel des deux sauveurs nous sauvera du cataclysme affreux qui ne tardera pas à éclater. Nous entendons dire par ici : « Tous les deux. » Nous entendons dire par là : « Ce ne sera ni l'un ni l'autre. » La fameuse prophétie Carthusienne nous invite à partager ce dernier sentiment. Encore un peu de patience, et nous verrons qui a tort ou raison, et nous saurons si tout cela est du diablotisme.

Prophéties sur les Apôtres des derniers temps.

Bien des voix prophétiques annoncent la puissance et les œuvres merveilleuses des ouvriers évangéliques qui fleuriront dans les derniers temps du monde. Nommons saint François de Paule, sainte Hildegarde, saint Vincent Ferrier, sainte Catherine de Sienne, saint Vincent de Paul, sainte Térèse, le vénérable Père de Montfort, la vén. Mère de Matel et la sainte Vierge elle-même dans son Secret à Mélanie.

Nous basant sur des textes prophétiques de saint François de Paule, de sainte Hildegarde et du Père de Montfort, nous avançons, dans le 1er volume de *l'Avenir dévoilé*, où nous citons ces textes, que le Pontife-Saint et le Grand Monarque établiront un nouvel Ordre religieux, duquel notamment sortiront les hommes apostoliques qui achèveront de convertir le monde, de catholiciser l'univers, et qui prémuniront les fidèles contre les séductions de l'Antechrist et de ses suppôts.

Saint François de Paule dit que cet institut sera le dernier de tous les Ordres religieux, et qu'il surpassera les autres en sainteté et en œuvres; il l'appelle l'Ordre des Saints Porte-Croix, ou des Croisés, ou des Crucigères, lequel sera organisé en trois branches, comprenant : 1º les Prêtres solitaires et hospitaliers, 2º les Missionnaires, 3º et les Chevaliers armés.

L'une des gloires de l'Ordre de saint Dominique, saint Vincent Ferrier, annonçait souvent aux peuples qu'il évangélisait, qu'un jour il se formerait une compagnie d'hommes vraiment apostoliques, embrasés du zèle de la vraie foi et ornés de toutes les vertus. (Voir sa *Vie* par l'abbé Bayle.)

« Il ne faut pas douter, disait-il, que Dieu ne réserve pour les derniers temps, des hommes d'une sainteté très-éminente, et qui rivaliseront en quelque sorte avec les Apôtres des premiers temps de l'ère chrétienne; ils seront pour l'Église ce qu'est, pour une armée, l'arrière-garde, qu'on a besoin de composer de troupes égales ou peu inférieures en valeur à celles qui combattent au premier rang. »

« Vous devez, ajoute ce grand saint à la fin de son *Traité de la Vie Spirituelle*, vous devez méditer jour et nuit la vie de ces hommes apostoliques.

car ils seront pauvres, simples, doux, humbles, vils à leurs propres yeux; ils s'aimeront entre eux d'une ardente charité; ils ne penseront, ne goûteront et n'auront sur les lèvres que Jésus-Christ et Jésus-Christ crucifié; ils seront sans souci du monde et d'eux-mêmes; ils soupireront sans cesse du fond de leur cœur vers la gloire de Dieu et des Bienheureux; ils désireront et attendront la mort pour jouir de ces biens; enfin vous devez vous représenter tous les trésors inappréciables de grâces surabondantes et de joies célestes dont ils seront enivrés et comme submergés. Ainsi vous pouvez vous figurer ces hommes, dans toute leur conduite, comme une lyre harmonieuse faisant retentir partout les cantiques des Anges.

« Cette pensée imprimera dans votre cœur un désir et comme une certaine impatience de voir arriver ces heureux temps. Vous y puiserez une lumière qui vous fera voir clairement et discerner tous les défauts des temps malheureux, et l'ordre mystérieux des Congrégations religieuses qui sont nées depuis Notre-Seigneur Jésus-Christ, ou qui doivent naître encore jusqu'à la fin des siècles. »

Nous lisons dans la vie de saint Vincent de Paul qu'il encourageait les membres de sa communauté, en leur annonçant que Notre-Seigneur enverrait des prêtres dont la ferveur et le zèle embraseraient toute la terre. « Si nous ne méritons pas, ajoutait-

il, d'être de ces prêtres-là, supplions-le qu'au moins il nous en fasse les images et les précurseurs. »
(*Apud* Abelly, *Vie de saint Vincent de Paul*, tome II.)

Nous avons rapporté plus haut la prophétie de sainte Catherine de Sienne concernant la sainteté des pasteurs et la réformation de l'Église. Saint Césaire aussi corrobore ces prophéties, ainsi que Madeleine Porsat, comme on l'a vu ci-dessus.

« Seigneur, s'écrie le Vén. Grignon de Montfort, exaucez les desseins de votre miséricorde ; suscitez les hommes de votre droite, tels que vous les avez montrés en donnant des connaissances prophétiques à quelques-uns de vos plus grands serviteurs, à un saint François de Paule, à un saint Vincent Ferrier, à un saint Vincent de Paul, à une sainte Catherine de Sienne et à tant d'autres grandes âmes dans le siècle passé et même dans celui où nous sommes.....

« Seigneur, quand viendra le déluge du feu du pur amour que vous devez allumer sur toute la terre d'une manière si douce, si véhémente, que toutes les nations, les Turcs, les idolâtres, les Juifs même en brûleront et se convertiront?... Envoyez cet Esprit tout de feu sur la terre pour y créer des prêtres tout de feu, par le ministère desquels la face de la terre soit renouvelée et votre Église reformée. C'est une Congrégation de prêtres, c'est une assemblée, c'est un choix tout spécial que vous devez faire dans le monde et du monde... Heureux et mille fois heureux les prêtres que vous avez ainsi choisis et prédestinés!... C'est vous, Seigneur, qui formerez cette compagnie, cette armée d'élite de saints Missionnaires; vous seul, car si l'homme y met le premier la main, il gâtera tout, il détruira tout... Formez cette compagnie choisie pour convertir et sauver les âmes, afin qu'il n'y ait plus qu'un troupeau et qu'un pasteur, et que tous vous rendent gloire dans votre saint temple. » (*Traité de la vraie dévotion à la sainte Vierge*, 7ᵉ édition, chez Oudin à Poitiers.)

De son côté, l'illustre réformatrice du Carmel, sainte Térèse, consigne, dans sa *Vie écrite par elle-même*, des révélations qui semblent concorder avec celles précédentes, surtout si l'on veut admettre que les Jésuites (ceci est une déduction de la prophétie de Sœur Rosa; voir au *Supplément*, p. 69.) et les Dominicains se fusionneront dans l'Ordre des Saints Porte-Croix :

Au chapitre XXXVIII, sainte Térèse dit : « J'ai vu dans le Ciel des choses admirables : des religieux d'un certain Ordre me paraissaient tenir en main des étendards blancs. Comme je suis en grande communication avec les religieux de cet Ordre dont Notre-Seigneur m'a fait l'éloge, j'ai une grande vénération pour leur sainte Compagnie. »

Au chapitre XL, la même sainte ajoute : « Un

jour faisant oraison avec beaucoup de recueillement, de douceur et de calme, il me sembla que j'étais environnée d'Anges et très-rapprochée de Dieu. Je les priai pour les besoins de l'Église. Alors il me fut répondu qu'un certain Ordre rendrait à celle-ci, *dans les derniers temps,* de grands services et défendrait la foi avec beaucoup de force et de courage. »

Cet Ordre est celui de saint Ignace. C'est le Père de Ribera, jésuite espagnol et directeur de sainte Térèse, qui l'affirme, d'après l'aveu même que lui en fit celle-ci, et qu'il rapporte dans sa *Vie de sainte Térèse,* imprimée en 1620.

Dans le même chapitre XL, la séraphique Vierge s'exprime en ces termes : « Une fois, étant en prières devant le très-saint Sacrement, un saint, dont l'Ordre s'était un peu relâché, m'apparut portant dans les mains un grand livre où il me fit lire ces mots écrits en gros caractères : *Cet ordre fleurira un jour et aura beaucoup de martyrs.*

« Une autre fois, étant au chœur à Matines, six ou sept religieux, qui me parurent être du même Ordre, se présentèrent devant mes yeux. Chacun d'eux tenait une épée à la main, ce qui, à mon avis, signifiait qu'ils défendraient la foi. Car, un jour, étant ravie en esprit, il me sembla que j'étais dans une campagne où se livrait un combat sanglant, dans lequel je vis les religieux de ce même Ordre, qui luttaient vaillamment : ils avaient le visage éclatant de beauté et comme embrasé ; ils renversaient à terre plusieurs de leurs ennemis, et ils en tuaient un grand nombre : ces ennemis étaient des hérétiques.

« Ce glorieux saint m'est apparu plusieurs fois, et m'a exprimé sa reconnaissance pour les prières que je faisais à l'intention de son Ordre. Je ne nomme point cet Ordre, de peur d'offenser les autres. Dieu le fera connaître s'il veut qu'on le sache ; mais je dis hautement qu'il n'y a point d'Ordre ni de religieux de chaque Ordre, qui ne doivent, par leurs actions et leurs prières, tâcher d'obtenir de Dieu la grâce de le servir dans le grand besoin où se trouve maintenant l'Église. Heureux ceux qui donneront leur vie pour une telle cause ! »

Le père de Ribera remarque encore, d'après l'affirmation à lui faite par sainte Térèse, qu'il s'agit ici de l'Ordre de saint Dominique.

L'Ordre religieux prédit par Notre-Seigneur à la vénérable Mère de Matel sera peut-être le même aussi que celui annoncé par saint François de Paule et les autres personnages susnommés. Nous allons analyser et coordonner les notes qui nous ont été envoyées sur ce sujet :

Jeanne Chézard de Matel, née en 1596, fut l'une des plus saintes âmes et des plus grandes mystiques du xviie siècle. Elle est morte en 1670. Les manuscrits de ses œuvres peuvent former environ 12 volumes in-4º. Naguère M. Ernest Hello a publié ses *Œuvres choisies* en un volume in-18. Tous les dons du Saint-Esprit débordaient de cette grande âme. Certains passages de ses écrits égalent en profondeur les plus belles pages des saints Pères. Comme un docteur, elle aborde, pour les élucider, les plus hautes spéculations de la foi. Ce que les mystères ont de plus relevé, ce que les divines Écritures ont de plus obscur, elle l'explique avec une supériorité lumineuse et une exactitude qui atteint la précision scolastique. Elle ne semble pas connaître l'impuissance de la parole humaine.....

Vers l'an 1620, Notre-Seigneur choisit la Mère de Matel pour fonder un Ordre nouveau. » Je suis, lui dit-il, la vérité infaillible; je tiendrai toutes mes promesses; le nom que je veux que tu donnes à cet Ordre est celui de VERBE-INCARNÉ. » En même temps Notre-Seigneur lui fit connaître que cette nouvelle famille religieuse était une réserve spirituelle pour l'Église *des derniers temps*, et serait appelée à résumer d'une manière éminente tout ce qui tient au Verbe fait chair : sa vie cachée, sa vie pénitente et sa vie évangélique. Ainsi cet institut serait divisé en trois branches dont les membres reproduiraient, chacun dans sa catégorie, l'avènement mystique du Fils de Dieu sur la terre.

L'institut du Verbe-Incarné est donc un Ordre général ayant à résumer, d'après son divin prototype, l'esprit de tous les autres Ordres religieux, parmi lesquels il doit être comme le Verbe abrégé et une extension de l'Incarnation dans le monde. Il se rapporte à notre souverain Maître comme les anciens Ordres se rapportent à leurs saints fondateurs, dont ils ont à suivre l'esprit particulier.

Un jour Notre-Seigneur montra à la Mère de Matel l'Ordre du Verbe-Incarné dans tout son développement futur; alors il lui dit qu'il communiquerait à son institut les prérogatives d'Abraham, c'est-à-dire qu'il la ferait Mère de nombreuses familles religieuses, de l'un et de l'autre sexe, devant se développer dans tout l'univers; et au même instant elle les voyait dans l'avenir toutes brillantes comme les étoiles du ciel.

Une autre fois le Seigneur promit à sa fidèle épouse qu'il accorderait une infinité de faveurs à plusieurs âmes de son Ordre, et qu'il comblerait tous ses enfants spirituels d'une abondance de lumières et de libéralités célestes. Il lui fit connaître aussi le costume qu'il donnait à ceux-ci, savoir : une robe blanche, un scapulaire et un manteau rouges, une ceinture et une couronne d'épines brodée sur le scapulaire, laquelle couronne entourerait le monogramme du Christ, posé au-dessus d'un cœur, ayant à sa partie supérieure trois clous en guise de

flammes; le champ du cœur porterait ces mots :
AMOR MEUS.

Cet Ordre fut institué régulièrement et canoniquement pour les femmes, par le Pape Urbain VIII en vertu d'une Bulle du 12 juin 1633, attestant que l'objet de cet institut est d'honorer le Verbe de Dieu dans tous les mystères de son humanité sainte. Cependant il se dévoue encore spécialement au culte de l'adorable Eucharistie, attendu que, dans ce divin sacrement, Jésus-Christ perpétue réellement, quoique d'une manière mystique, sa vie parmi les hommes.

Le Fils de Dieu a promis à la Vén. Mère de Matel de vivre en cet Ordre, de l'assister, de le protéger comme son œuvre propre; et il lui a encore assuré que sa postérité spirituelle naîtrait comme toutes les œuvres divines, au milieu des contradictions. C'est ainsi qu'on a vu partout les commencements de cet institut, pour les femmes, suivre les diverses phases de la vie du Sauveur : partout pauvre ou obscur, partout persécuté ou méprisé. A ce propos, citons un trait en deux mots. Alors que la Vén. Mère de Matel était accablée d'années et d'infirmités, elle fut persécutée par un Supérieur indigne, qui la chassa du monastère qu'elle dirigeait selon l'Esprit-Saint, dans le chemin de la perfection; et quelque temps après, elle fut empoisonnée par une Supérieure intruse. Ainsi sa mort fut semblable à celle de notre divin modèle.

Notre-Seigneur donna à cette vénérable servante de Dieu une connaissance spéciale des Pères futurs du Verbe-Incarné, et de leur constitution multiple en plusieurs branches, pour l'époque des derniers évènements du monde. Les tentatives faites dans le but de fonder les monastères d'hommes, sont restées infructueuses jusqu'à ce jour. Mais plusieurs indices portent à croire que bientôt va se réaliser l'établissement de cette grande œuvre. Déjà le projet a été encouragé et béni par Sa Sainteté Pie IX, et de nouveaux essais se poursuivent pour la constituer. Au temps de la Mère de Matel, l'heure providentielle n'était pas encore sonnée pour opérer cette fondation, puisque le divin Maître disait à sa fidèle épouse qu'il en déposait simplement le germe dans son cœur, comme un tubercule de lis déposé dans le sein de la terre, pour y multiplier et fleurir en sa saison.

Nota. — Ceux de nos lecteurs qui désirent de plus amples renseignements sur cet institut, peuvent consulter la brochure intitulée : *L'Ordre du Verbe-Incarné et du Saint-Sacrement*, par le R. P. Joseph de Jésus; in-8°, Bourges, 1870. Prix : 2 fr., au profit de l'œuvre, chez M. l'abbé Gravier, aux Grands-Chézaux (Haute-Vienne).

Enfin, terminons ce chapitre par des paroles saintement pathétiques, qui confirment toutes les prophéties relatives aux Apôtres des derniers temps. Elles ont été prononcées par la sainte Vierge dans son Secret à Mélanie. Les voici de nouveau :

« J'adresse un pressant appel à la terre, j'appelle les vrais disciples du Dieu vivant et régnant dans les cieux ; j'appelle les vrais imitateurs du Christ fait homme, le seul et vrai Sauveur des hommes ; j'appelle mes enfants, mes vrais dévots, ceux qui se sont donnés à moi pour que je les conduise à mon divin Fils, ceux que je porte pour ainsi dire dans mes bras, ceux qui ont vécu de mon esprit ; enfin j'appelle les *Apôtres des derniers temps*, les fidèles disciples de Jésus-Christ qui ont vécu dans le mépris du monde et d'eux-mêmes, dans la pauvreté et l'humilité, dans le mépris et le silence, dans l'oraison et la mortification, dans la chasteté et l'union avec Dieu, dans la souffrance et inconnus au monde ; il est temps, qu'ils sortent et viennent éclairer la terre !

« Allez, et montrez-vous comme mes enfants chéris ; je suis avec vous et en vous, pourvu que votre foi soit la lumière qui vous éclaire dans ces jours de malheurs, et que votre zèle vous rende comme des affamés pour la gloire et l'honneur du Dieu Très-haut. Combattez, enfants de lumière, vous, petit nombre qui y voyez, car voici le temps des temps, la fin des fins..... »

La très-sainte Vierge Marie, ayant été l'âme et la

directrice des Apôtres aux premiers jours de l'Église naissante, sera sans doute encore l'âme et la vie des nouveaux apôtres à la fin des temps, dans le siècle qu'on appelle le siècle de Marie Immaculée.

O puissante Reine des Apôtres! priez pour eux et pour nous.

Prophétie inédite sur l'Antechrist et la Fin du monde.

Nous avons appris d'une personne grave, parfaitement renseignée, et qui s'est entourée de toutes les précautions indispensables pour pouvoir nous affirmer l'exactitude incontestable de sa communication, qu'une religieuse hospitalière, nommée sœur Bertine, morte en 1850, à Saint-Omer, fut favorisée de plusieurs révélations célestes, notamment sur la proximité du règne de l'Antechrist personnel et de la fin du monde. Le présent opuscule formant un second supplément à *l'Avenir dévoilé jusqu'à l'Antechrist*, nous devons nous empresser de publier cette prophétie restée inédite. Elle confirme plusieurs de nos textes et interprétations.

Rapportons d'abord quelques détails biographiques sur sœur Bertine. — Dès 1822, elle portait sur son corps les sacrés stigmates du Seigneur Jésus. Ils paraissaient les jours de grandes fêtes et tous les vendredis de l'année. La simplicité et l'humilité de cette angélique sœur éclataient si visiblement que les membres de sa communauté en étaient ravis d'admiration. Quand on lui témoignait de la vénération, elle paraissait beaucoup souffrir, aussi aimait-elle, de préférence, les emplois les plus vils et les plus pénibles de la maison. Elle avait un attrait particulier pour se tenir cachée et éviter les visites. Ses consœurs ont toujours été convaincues qu'elle conserva toute sa vie la blanche robe de son innocence baptismale. Elle mourut dans l'amour de son céleste époux, un vendredi, son jour de prédilection, à trois heures de l'après-midi, comme l'exprime l'inscription suivante gravée sur la pierre tumulaire sous laquelle repose sa dépouille mortelle :

IesV CrVCIfIXI Instar, pIa BertIna sVaVIter ponens CapVt obDorMIVIt horâ tertIa ferIæ seXtæ sVæ IanVarII.

On lit ensuite : ICI REPOSE, EN ATTENDANT LA RÉSURRECTION GÉNÉRALE, LE CORPS DE SŒUR BERTINE BOUQUILLON, RELIGIEUSE HOSPITALIÈRE, DÉCÉDÉE LE 25 JANVIER 1850, A L'AGE DE 49 ANS ET 10 MOIS.

Cette religieuse avait prédit à ses consœurs qu'elle n'arriverait pas à la vieillesse.

L'évêque du diocèse avait ordonné une information juridique sur le fait de la stigmatisation de cette humble servante de Dieu; le jugement en fut favorable, de sorte qu'on crut généralement à l'état surnaturel de la sœur Bertine. A l'époque de sa mort, un journal de Saint-Omer publia un article à son sujet, et révéla clairement l'insigne privilége des stigmates imprimés sur la chair virginale de cette pieuse épouse du Christ. Pas une seule voix ne s'est élevée pour révoquer en doute ce phénomène miraculeux.

Voici la partie la plus importante des prophéties de sœur Bertine : « L'Antechrist doit venir bientôt, « dit-elle à une de ses consœurs. Vous ne le verrez « pas, ni les religieuses qui vous succéderont ; mais « celles qui viendront après vivront sous sa domi- « nation. Lorsque le règne de l'Antechrist arrivera, « rien ne sera changé dans la maison ; tout y sera « dans l'ordre habituel : les exercices réguliers, le « travail, les occupations dans les salles des malades, « tout se fera alors comme aujourd'hui, quand, « tout à coup, nos sœurs apprendront que l'homme « du mal est le maître. Ceci arrivera à la fin de ce « siècle ou au commencement de l'autre. Le dernier « des rois de France mourra dans une grande bataille, « à l'époque de l'avénement de l'Antechrist, et son « corps sera privé de sépulture. »

La sœur Bertine affirma encore qu'elle avait vu le patriarche Enoch, l'un des deux justes qui doivent combattre l'Antechrist et soutenir les fidèles dans les derniers temps. Il était vêtu en missionnaire, comme se tenant prêt, sans doute, à remplir sa grande et assez prochaine mission.

Enfin elle annonça la catastrophe finale en termes assez précis : « Quant à la fin du monde, dit-elle, ce « n'est pas pour ce siècle, mais ce sera de 1900 à « 1950 : le Jugement y sera.... »

Tout ceci est bien d'accord avec les calculs consignés dans *l'Avenir dévoilé* et son *Supplément*. Avis donc à nos adversaires.

Relativement à l'Antechrist, on retrouve dans la prophétie de sœur Bertine, la forme dubitative comme au Secret prophétique de Maximin. La concordance est d'une exactitude frappante.

Nous lisions naguère dans le *Rosier de Marie*, sous la rubrique : « Révélations importantes, » un passage qui a sa place naturelle ici. Il confirme nos calculs et nos prophéties sur l'Antechrist. L'auteur de ces articles habite Genève ; il les signe : « Un Français qui aime la France ». C'est un homme qui est en rapport avec les sommités du monde politique : il est doué d'un esprit grave, élevé, judicieux et foncièrement religieux. — Voici ce passage :

« Plusieurs commentateurs de la sainte Écriture regardent la fin du monde comme prochaine. Un homme éclairé a dit avoir lu une révélation, à l'époque des massacres de Syrie, en 1860, dans laquelle il était annoncé que ces événements avaient lieu pour fêter la naissance de l'Antechrist.... Un autre homme sérieux m'a dit avoir parlé à un personnage connaissant une dame française qui aurait vu l'Antechrist. Or, lorsqu'elle le vit, celui-ci fut subitement pris d'une forte colique. Sa mère lui demanda avec inquiétude ce qu'il avait; il répondit : Je ne sais pas; mais quand j'ai vu cette dame là-bas, je me suis senti mal au ventre. C'était probablement le signe qui devait le faire connaître à cette femme, laquelle a déclaré que c'est un bel enfant de dix à onze ans.

« Cette personne n'est pas précisément une femme comme une autre. Elle a reçu diverses missions à remplir auprès de plusieurs souverains et même du Pape. Quand elle arrive dans un pays dont elle ne connaît pas la langue, elle entend ce qu'on lui dit et elle se fait comprendre; toujours elle remplit sa mission sans difficulté. Lorsqu'elle est introduite, elle ne sait pas ce qu'elle doit dire. Quand elle est en présence des personnes, les choses lui viennent; elle a conscience alors de ce qu'elle dit, mais une fois sa mission remplie, elle ne sait plus rien.

« Autre indice de la fin des temps :

« Un enfant de treize ans, il y a quelques mois (avant le 14 juin 1871), a été conduit d'une manière extraordinaire dans un petit séminaire où il a commencé ses études pour l'état ecclésiastique. Il lui a été révélé qu'il serait prêtre un jour pour combattre le démon et l'Antechrist. Dès le commencement d'avril 1870, cet enfant a prédit la guerre de la France avec la Prusse, la catastrophe de Sedan, la République et ce qui doit la suivre... (1). »

Ces piquantes communications nous pressent d'inviter cet excellent « Français, qui aime la France » à tâcher de recueillir de nouveaux détails complétant ses affirmations. S'il est assez heureux d'en découvrir, nous osons le prier de nous les transmettre, surtout s'il redoute de les publier lui-même.

Autres révélations sur la Fin du monde.

Le 19 mai 1853 la sainte Vierge, sous le nom de Notre-Dame des Sept-Douleurs, apparut à une humble bergère âgée de douze ans, nommée Véronique Nucci, du hameau de Ceretto, au diocèse de Pitigliano, en Toscane. Cette pieuse fille entra en-

---

(1) Naguère un missionnaire nous adressait ces mots : « Un jour je vous parlerai d'une apparition de la Très-Sainte Vierge à un enfant de douze ans ; elle l'engage à devenir prêtre, afin de lutter contre l'Antechrist, qui est né......... Les détails sont curieux..... »

suite dans l'Ordre Séraphique, où la grâce divine l'éleva à une haute perfection, encore qu'elle mourut avant d'avoir atteint sa vingt et unième année, le 9 novembre 1862. Sa *Vie*, fort intéressante, a été publiée par le rédacteur des *Annales de la Sainteté* en 1 volume in-12, 1869. Or, nous voulons appeler l'attention de nos lecteurs sur les paroles suivantes qui se rattachent au chapitre précédent, et que la sainte Vierge adressa à Véronique :

« Si les pécheurs ne se corrigent pas, mon Fils
« va envoyer la *Fin du monde*. Et toi, que préfères-
« tu, vivre encore trois ou quatre mois, ou voir la
« fin du monde ? »

Véronique répondit : « Je préfère mourir. »

La sainte Vierge, en faisant cette question, accordait évidemment à l'angélique bergère la faculté de choisir entre voir la fin du monde ou mourir auparavant. Il n'est pour ainsi dire pas possible de supposer que les paroles de la mère de Dieu ne renferment qu'une simple menace conditionnelle. Il faut donc voir dans cette interrogation une annonce réelle de la proximité de la fin du monde.

Cette interprétation se trouve parfaitement corroborée par Holzhauser, le Secret de Mélanie, la prophétie de sœur Bertine et nos propres calculs, d'après le prophète d'Orval. Comme ceux-ci fixent approximativement la fin du monde vers 1921, Véronique aurait eu à cette époque, si elle eût vécu, environ quatre-vingts ans, car elle naquit le 26 novembre 1811. Or, cet âge eût été dans l'ordre des choses possibles. Donc, notre conjecture et nos calculs sont fortifiés par les paroles de Notre-Dame des Sept-Douleurs.

Cette manière d'annoncer comme prochaine la catastrophe dernière nous semble pleine de discrétion et d'une haute sagesse. La sainte Vierge, dans sa demande à Véronique, pouvait-elle avoir un autre but que celui d'insinuer la proximité de la fin du monde?

La prophétie de saint Malachie nous apporte aussi un contingent de lumière, car elle compte encore dix devises se rapportant chacune au règne futur d'un Pape, ou d'un antipape. Elle annonce en outre que le dernier Pape, celui qui combattra l'Antechrist, portera le nom de Pierre; or, celui-ci pourrait être le même personnage que celui compris sous la devise *De gloria olivæ*. Si, au contraire, il y a là deux papes différents, il faut compter onze papes futurs, élus plus ou moins légitimement. Sur ce nombre, il faut distraire deux antipapes : celui à « tête ardente » dont nous avons parlé, et celui qui sera l'associé, le bras droit de l'Antechrist, d'après Holzhauser, et qui peut être figuré par la devise *De medietate lunæ*. Il resterait donc à venir huit ou neuf papes légitimes, à partir du successeur de Pie IX jusqu'à la fin du monde, ce qui n'est pas inconciliable avec notre date de 1921. Nous allons donner la preuve de cette assertion.

Et d'abord nous savons par la Vén. Taïgi, que la plupart des papes futurs ne vivront pas longtemps, comme le rapporte Mgr de Montault, dans le *Rosier de Marie* du 28 octobre 1871, d'après une communication à lui faite par le pieux Mgr Natali, le 25 avril 1869. En voici le texte :

« La prophétie d'Anna-Maria s'étend jusqu'à la
« venue de l'Antechrist. Les temps sont proches.
« Il y aura encore beaucoup de Papes, mais ils ne vivront pas longtemps. » Cependant il semble y avoir là une parfaite contradiction avec ce que le R. P. Huguet a recueilli, en 1866, de la bouche même de Mgr Natali : « Anna-Maria a dit qu'il n'y
« aurait pas un grand nombre de papes avant la fin
« des temps, mais elle n'a pas voulu en fixer le
« nombre. »

Selon nous, cette contradiction n'est qu'apparente, attendu que la Vénérable annonce que *les temps* du règne de l'Antechrist *sont proches*. Ainsi, ces mots : « il y aura encore beaucoup de papes, » doivent être pris dans un sens relatif, c'est-à-dire par rapport au temps qui nous sépare de la fin du monde. Le nombre de huit ou neuf papes se succédant en quarante-huit ans, c'est-à-dire de 1873 à 1921 est dans l'ordre des choses possibles. En effet, nous trouvons dans le passé, que la durée du règne de huit papes se succédant sans interruption, est de vingt-huit ans, soit de Jean VIII, en 872, à Benoît IV, en 900, et de celui-ci à Léon VI en 928 ; etc., etc.

L'abbé Curicque a recueilli une parole prophétique du saint curé d'Ars, qui vient à l'appui de notre thèse. M. Vianney disait un jour : « On voudra « me canoniser, mais on n'en aura pas le temps. » Il est évident que le bon curé sous-entendait ces mots : parce que la fin du monde est trop proche. Nous savons encore que Notre-Seigneur dit à Marie Lataste (*Œuvres*, t. II) : « Je ferai poindre BIENTÔT « mon jour » (*le jour du jugement*), « alors qu'on y « pensera le moins, malgré tous les signes avant- « coureurs qui seront donnés au ciel et sur la « terre. »

Au tome IV des *Révélations* de la sœur de la Nativité, nous lisons : « Lorsque l'Antechrist et ses « complices seront tombés dans l'enfer, le Jugement « n'arrivera pas encore aussitôt. Il y en aura qui « l'attendront de jour en jour, et avec tant d'impa- « tience, qu'ils se lasseront d'ennui dans cette « attente. Ce sera la sainte Église qui languira dans « cette attente ; mais nul homme ne peut savoir et « ne saura jamais l'année ni le jour où le Fils de « l'Homme viendra juger les vivants et les morts. « Je vois en Dieu qu'il pourra s'écouler encore « plusieurs années avant que le Fils de l'Homme

« vienne ; mais je ne vois pas combien il y aura
« d'années. » (Voir p. 457, 2ᵉ édition Beaucé ;
Paris, 1819.)

D'après un texte d'Ezéchiel, nous avons fixé, dans notre 1ᵉʳ volume, à sept ans au moins, la durée du monde après la mort de l'Antechrist, laquelle mort arriverait vers le mois de mars 1914.

Méditons une révélation de sainte Hildegarde. Elle est tirée de son *Scivias* qui fut écrit de 1141 à 1152.

« Dieu, dit la voyante de Bingen, a mis six jours à faire ses œuvres, et il s'est reposé le septième jour. Ces six jours représentent les six premiers âges du monde. Dieu a montré au monde de nouveaux prodiges dans le sixième âge, de même qu'il a couronné ses œuvres dans le sixième jour de la création. Maintenant, » (*c'est-à-dire vers le milieu du XIIᵉ siècle,*) « le monde se trouve au septième âge, qui sera suivi des derniers jours....

« Mon Fils » (*c'est Dieu qui parle,*) « est venu au monde, quand le jour de la durée des temps se trouvait au moment correspondant au temps qui s'écoule depuis l'heure de none jusqu'à celle de vêpres, » (*depuis trois heures du soir jusqu'à six heures,*) « c'est-à-dire lorsqu'à la chaleur du jour commence à succéder la fraîcheur de la nuit. En un mot, mon Fils a paru dans le monde après les cinq premiers âges, et lorsque le monde était déjà presque vers son déclin. »

« Le fils de perdition » (*l'Antechrist*), « qui régnera très-peu de temps, viendra à la fin du jour de la durée du monde, au temps correspondant à ce moment où le soleil a déjà disparu de l'horizon, c'est-à-dire qu'il viendra dans les derniers jours. » (*Apud* R. P. RENARD, *Histoire de sainte Hildegarde*, etc. p. 70 à 73.)

Il y a d'autres révélations qui semblent assigner au monde une durée plus grande que celle fixée ci-dessus. En les rapportant nous faciliterons à nos lecteurs l'étude de cette question.

La Douloureuse Passion, d'après la sœur Anne-Catherine Emmerich, morte en 1824, affirme, dans le « Fragment sur la descente aux enfers » que Notre-Seigneur fit charger de chaînes le roi des damnés ; et la sœur ajoute : « J'appris que Lucifer « doit être déchaîné cinquante ou soixante ans « avant l'an 2000 du Christ, *si je ne me trompe…* « Quelques démons doivent être relâchés aupara- « vant pour punir et tenter le monde. Un certain « nombre, à ce que je crois, ont dû être déchaînés « de nos jours, d'autres le seront bientôt après. » De là on peut inférer aussi que la sœur Emmerich annonce l'Antechrist pour la première moitié du XXe siècle. Ce déchaînement successif des démons n'est-il pas déjà assez visible dans l'esprit de vertige, d'erreur, d'immoralité, de révolte, d'impiété, de désordres lucifériens toujours croissants dont le monde est envahi depuis quatre-vingts ans ! Mélanie dit dans son secret : « En 1864, Lucifer avec un grand nombre de démons seront détachés de l'enfer, etc. »

De son côté la sœur de la Nativité tient ce langage, au rapport d'un des rédacteurs de ses révélations :
« Voici ce que j'ai connu en Dieu sur le Jugement
« dernier : J'entendis une voix tonnante qui disait :
« Malheur ! malheur ! malheur au dernier siècle !
« Je compris, par cette voix puissante, que ces
« malheurs étaient ceux qui arriveraient aux appro-
« ches du Jugement, et au Jugement même. Je ne
« dis mot ; et comme le Seigneur m'a fait connaî-
« tre que nul homme sur la terre ne saura positi-
« vement quel jour ni quelle année le Fils de
« l'Homme descendra sur la terre pour juger tous les
« hommes, je n'en demandai pas davantage.

« Mais voici ce que Dieu voulut bien me faire
« voir dans sa lumière. Je commençai à regarder
« dans la lumière de Dieu le siècle qui doit com-
« mencer en 1800 ; je vis par cette lumière que le
« Jugement n'y était pas, et que ce ne serait pas le
« dernier siècle. Je considérai à la faveur de cette
« même lumière le siècle de 1900, jusque vers la fin,
« pour voir positivement si ce serait le dernier.
« Notre-Seigneur me fit connaître, et en même

« temps me mit en doute si ce serait à la fin du
« siècle de 1900, ou dans celui de 2000. Mais ce
« que j'ai vu, c'est que si le Jugement arrive dans
« le siècle de 1900, il ne viendra que vers la fin :
« et que s'il passe ce siècle, celui de 2000 ne
« passera pas sans qu'il arrive, ainsi que je l'ai vu
« dans la lumière de Dieu. » (*Vie et Révél.*, t. IV,
p. 123-126, 2ᵉ édit. Beaucé, Paris, 1819.)

Michel de Nostredame a, sur ce sujet, des quatrains d'une précision capable de faire encore mieux jubiler nos adversaires. Nous ne la dédaignons pas, mais nous avons aussi le droit de sourire. Vous allez comprendre pourquoi.

Avant de citer ces quatrains, disons d'abord que le Centuriateur a écrit, dans son épître à son fils César ces paroles : « ... Quant aux visibles jugements célestes, que encores que nous soyons au septiesme nombre de mille qui parachève le tout, nous approchant du huictiesme, où est le firmament de la huictiesme sphère que est en dimension latitudinaire, où le grand Dieu éternel viendra parachever la révolution (*de ses œuvres*) : où les images célestes retourneront à se mouvoir, et le mouvement supérieur qui nous rend la terre stable et ferme, *non inclinabitur in sæculum sæculi* (Ps CIII, 5) : hors mis que quand son vouloir sera accompli... »

Et, dans sa Lettre à « Henri second », le bonhomme de Salon patauge dans les chiffres, sans pouvoir faire une addition exacte ; il paraît aussi fort que l'auteur du *Livre Merveilleux* dont nous parlerons plus bas. Il a deux calculs chronologiques depuis Adam jusqu'à Jésus-Christ. Les résultats de ces calculs diffèrent entre eux de six ou sept cents ans. Le premier donne au total 4758 ans de la création à l'ère chrétienne ; et comme, dans un des quatrains rapportés ci-après, le prophète fixe la fin du monde en 1999, on trouve que l'âge de celui-ci à partir de la création jusqu'au Jugement dernier serait de 4757+1999=6756 ans. Ce qui d'ailleurs est d'accord avec le « septiesme nombre de mille » du texte ci-dessus et du quatrain 74 ci-après. Ceci cependant paraît être en contradiction avec deux passages de la lettre à « Henry second », où il est dit, dans le premier, que « l'advénement sera au commencement du 7 millenaire profondement supputé. » Devant un pareil gâchis, qui semble fait avec l'intention de rendre la prophétie plus apocalyptique, il faut laisser aux malins et aux subtils le plaisir de se débrouiller. Mais nous leur défions d'y arriver raisonnablement.

Voici enfin les quatrains dont il s'agit :

L'an mil neuf cens nonante neuf sept mois,
Du ciel viendra un grand Roy d'effrayeur,
Ressusciter le grand Roy d'Angolmois,
Avant après Mars regner par bon-heur. (Cent. X, quat. 72.)

Glose. — Au mois de Juillet de l'année 1999, le grand Roi du ciel viendra ressusciter les hommes, qui alors seront saisis de frayeur. Et le Dieu des armées célestes régnera dans la gloire de son bonheur éternel, après comme avant cet événement.

Deux mots d'explication : Ce quatrain se trouve dans la x⁰ centurie dédiée, avec les viii⁰ et ix⁰, à Henri II ; or, Nostredame, en nommant « le Roy d'Angolmois », fait allusion 1° au père du roi Henri II, François 1ᵉʳ, né à Cognac, de Charles d'Orléans, comte d'Angoulême ; 2° au roi de France dans le sens que nous avons dit p. 8-9, ci-dessus ; 3° et à l'homme qui est le roi de la création ; ainsi le prophète prend la partie pour le tout, comme cela lui arrive souvent.

Par le mot *Mars*, qui spécifie ordinairement le Dieu de la guerre, le prophète désigne ici le Dieu vainqueur de la mort, et aussi le Dieu des armées comme nous l'appelons au *Sanctus* de la messe, d'après le Roi-Prophète.

> Le temps présent avecques le passé
> Sera jugé par le grand Jovialiste,
> Le monde tard par luy sera lassé,
> Et desloyal par le Clergé juriste. (X, 73.)

Glose. — Au dernier jour, les hommes du temps présent et ceux du passé seront jugés par le grand Jéhovah (*Jovialiste* pour *Jovis* ou *Jupiter*) ; alors le monde aura lassé la patience du Seigneur, parce

qu'il aura abandonné la loi que le clergé était chargé
de lui enseigner.

> Au revolu du grand nombre septiesme
> Apparoistra au temps jeux d'Hecatombe :
> Non esloigné du grand âge milliesme,
> Que les entrez sortiront de leur tombe. (X, 74.)

Glose. — A l'époque du septième millénaire du
monde, et cinq mois avant l'an 2000, le Tout-Puissant apparaîtra sur les nues ; et, comme si c'était un
jeu, il fera une hécatombe des méchants, alors que
les morts (*les entrez* en terre) sortiront de leurs
tombeaux pour le grand jour du Jugement dernier.

Ailleurs il est aussi question de sept millénaires :

L'un de nos meilleurs amis nous a copié, grâce
à sa patience d'ange, le *Livre Merveilleux* du frère
Théofore, hermite ; revu et corrigé par Messieurs
de la faculté de Théologie de Paris; in-18, Paris, 1565.
Or, nous trouvons, dans cette copie, que ce bon
moine, grand colligeur de prophéties, accorde au
monde une durée de sept mille ans, d'après, dit-il,
l'opinion commune des théologiens. Il divise les
âges du monde en sept époques, selon saint Augustin, Orose, etc. Mais le résultat de ses calculs n'est pas
d'accord avec ses données. A qui la faute ? Bref, il
déclare qu'à compter de l'année 1486, pendant laquelle son livre fut achevé, le monde doit encore
durer 415 ans, soit 1486+415 = 1901, qui, selon
lui, serait la date de la fin du monde, lequel aurait

alors 7000 ans. Mais Théolofre a soin d'ajouter :
« Toutefois nul ne sait de certain combien le monde doit durer. »

Quant à ceux qui, d'après une opinion sans solidité, fixent cette durée à 6000 ans, nous leur dirons hautement : Ergotez tant que vous voudrez, invoquez toutes les autorités qu'il vous plaira, mais commencez d'abord par tenter de résoudre la question fondamentale posée dans notre *Supplément*, pages 139-140, sur « l'âge du monde, » et vous serez bientôt disposés à abandonner le système défectueux du millénarisme, et partant à épouser nos sentiments.

Le temps et l'espace nous manquent pour examiner à fond la question de la fin du monde : si nous ne l'avons pas résolue, nous lui avons peut-être fait faire un pas. Que ceux qui s'en occupent viennent donc s'y heurter carrément, et de ce choc pourra jaillir la lumière.

Notre-Seigneur a prédit la fin des temps en entourant de mystère l'époque de son arrivée. Comme homme, Jésus-Christ a dit : « Personne n'en sait le jour ni l'heure : c'est le secret de mon Père. » Toutefois Dieu peut révéler ce secret. Au reste, plus cette fin approchera, plus les signes en seront manifestes, plus les périls de toutes sortes seront grands, et plus Dieu prendra pitié de ses enfants. Déjà il soulève un coin du voile par de nouvelles lumières prophétiques. — Afin de mettre les âmes en garde contre les séductions, contre l'apostasie, contre la persécution des derniers temps, il est donc essentiel que tous les fidèles soient avertis dès maintenant, pour qu'ils puissent avertir les jeunes générations, que le règne de l'Antechrist et la dernière heure du monde sont proches. Plusieurs de nos prédictions annoncent d'une manière assez formelle la proximité des jours mauvais. Mais il est à présumer que Dieu, dans sa bonté infinie, ne bornera pas là ses avertissements et qu'il en transmettra d'autres plus explicites, plus précis encore, quand le grand triomphe que nous attendons touchera à sa fin par la renaissance de l'antichristianisme.

Dernièrement on nous écrivait que le B. Labre eut des révélations particulières sur la proximité de la fin du monde, mais qu'elles sont restées secrètes entre les mains du Souverain-Pontife.

Observations sur les Prophéties contradictoires.

Nous tenons à mentionner en cet endroit quelques réflexions pouvant éclairer le chapitre précédent, encore que nos adversaires puissent peut-être les tourner contre nous. Nous ne craignons rien, attendu qu'avant tout nous cherchons la lumière.

En favorisant les âmes de révélations surnaturelles, « Dieu, dit le R. P. Toulemont, ne leur communique pas pour cela le don d'infaillibilité, ni cette assistance spéciale, qui sont le privilége des auteurs inspirés ou de l'Église enseignante. » Nous devons même observer franchement que, d'après Grégoire le Grand et les mystiques, les saints les plus favorisés de Dieu se trompent souvent, en prenant pour une lumière divine ce qui n'est que l'effet de l'activité de l'âme humaine. Notre dernière citation de la Sœur de la Nativité mérite peut-être d'être jugée de la sorte.

« Il arrive assez fréquemment, dit encore le R. P. Toulemont, que, soit habitude ou raisonnement, ou jugement propre, soit impulsion du bon ou du mauvais esprit, l'âme éprouve des sentiments, forme des délibérations qui n'émanent point de Dieu directement et qui exigent une discussion très-exacte avant qu'on y puisse donner son assentiment. De plus, les personnes qui ont reçu des communications divines sont exposées à de nouvelles erreurs lorsqu'elles les racontent de vive voix ou par écrit. Tantôt ce sont les termes qui leur font défaut pour exprimer exactement leur pensée; tantôt ce sont leurs souvenirs qui ont perdu de leur fidélité. Les erreurs, les inexactitudes, les illusions peuvent donc se glisser de différentes façons dans les révélations privées. Dieu le permet ainsi pour l'instruction des âmes qu'il a favorisées de ces grâces privilégiées. Il veut leur apprendre à se tenir toujours sur leurs gardes afin d'éviter l'orgueil et la présomption. Il veut aussi enseigner à tous les chrétiens qui seraient peut-être tentés de se fier outre mesure à ces manifestations extraordinaires, que son Église seule demeure l'organe authentique de sa parole, l'interprète infaillible de sa loi et le guide assuré de nos consciences.

« En fait, quand on examine de près les révélations de plusieurs saints personnages, de ceux mêmes que l'Église a placés sur les autels, on y trouve bien des choses pour le moins douteuses et quelquefois très-fausses. Il n'est pas rare, en effet, que ces révélations soient en contradiction les unes avec les autres, et qu'elles renferment des prophéties non accomplies. — On sait toutefois que certaines prophéties vraies peuvent bien ne pas se réaliser, parce qu'elles sont souvent conditionnelles. » (*Les Révélat. privées*, introduction aux Œuvres de Marie Lataste.)

La Sœur Emmerich va répondre au disciple de saint Ignace. Elle déclare dans son livre de la *Douloureuse Passion*, édition Casterman, p. 269, que « si les méditations et les visions des personnes favorisées de Dieu ne s'accordent pas parfaitement entre elles, cela vient de ce qu'elles ont eu des grâces différentes pour voir ces grandes choses, pour les entendre et les raconter. »

Nous compléterons cette observation par un passage tiré de l'Introduction à la *Vie de N.-S. Jésus-Christ* d'après la même religieuse. « Je vis, dit Anne-Catherine, des scènes de la vie de différents saints, et je vis que la plupart du temps leurs visions avaient été tronquées et mal comprises de ceux qui les avaient mises par écrit. Je vis combien plusieurs d'entre eux eurent à souffrir à ce sujet, et comment sainte Thérèse craignit bien longtemps d'être le jouet d'une illusion diabolique, par suite du peu de lumière de ses confesseurs. » Elle nomma alors sainte Thérèse, sainte Catherine de Sienne, sainte Claire de Monte-Falcone, sainte Brigitte, sainte Hildegarde, sainte Véronique Giugliani, Marie d'Agréda, etc., comme lui ayant été montrées, et elle dit beaucoup de choses sur la nature de leurs visions, dont elle eut une connaissance intérieure. Elle vit que l'effet de ces visions a été détruit, en grande partie, par les suppressions et les changements qu'y ont faits des prêtres savants, mais manquant de simplicité et ne comprenant pas la manière dont ces tableaux se produisent. On a souvent rejeté beaucoup de choses parce qu'on ne pouvait pas dégager la pure vision historique d'autres représentations qu'y s'y mêlaient, et où le contemplatif agissait par la prière. J'en vois d'autres étonnamment prolixes, où chaque grâce est accompagnée d'un tel flux de paroles qu'aucun lecteur ne trouve plus rien de substantiel qu'il puisse s'approprier. Les visions de sainte Hildegarde ont été écrites de sa propre main avec la plus grande fidélité, parce qu'avec le don des révélations elle avait aussi reçu le don d'écrire (1). Cependant, il y a beaucoup d'altérations dans ce qui en a été imprimé. Même dans les écrits imprimés de sainte Thérèse, on a fait des changements. Sainte Françoise Romaine, a eu beaucoup de visions du même genre que celles d'Anne-Catherine, mais elles ont été très-mal reproduites. Celle-ci a vu comment la manie des confesseurs de tout accommoder à leur manière d'entendre l'Évangile a fait disparaître bien des choses... « Je ne puis comprendre, ajoute Anne-Catherine, à quoi servira de raconter et d'écrire mes visions... J'ai prié Dieu ardemment de me les retirer, afin d'être délivrée de l'obligation de les raconter et de la responsabilité qui s'y attache. Mais je n'ai pas été exaucée, et il m'a été dit que je dois raconter tout ce que je serais en état de dire, et cela, quand même on se moquerait de moi. Il m'a

---

(1) Ces affirmations sont en contradiction avec celles des anciens chroniqueurs et des hagiographes. Voir notamment l'*Histoire de sainte Hildegarde*, par le R. P. Renard, p. 20 à 29 ; édition Sarlit, 1865.

été dit encore que personne n'a vu tout cela de la même manière et dans la même mesure que moi ; que d'ailleurs ce ne sont pas mes affaires, mais l'affaire de l'Église. C'est un grand malheur qu'il s'en perde tant ! il en résulte une grande responsabilité. Bien des personnes qui sont cause que je n'ai jamais de repos, et le clergé qui manque d'hommes et de foi pour faire cela, auront un terrible compte à rendre. J'ai vu aussi tous les obstacles que le démon a suscités. »

UN AVEU.

Nos interprétations relatives à l'avenir peuvent bien n'être pas d'une justesse irréprochable, car, à moins d'un don spécial de Dieu, il faut des faits accomplis pour fixer le sens positif d'un langage prophético-apocalyptique, chargé de figures et d'emblèmes symboliques. Et même quand on connaît les faits, les plus savants exégètes ne sont pas toujours d'accord ! Cependant une interprétation fausse ou défectueuse a toujours valeur comme travail, aux yeux des personnes intelligentes ; car, au fur et à mesure que se déroulent les événements, elle peut faciliter l'étude des textes prophétiques et faire découvrir des interprétations ou des applications neuves ou meilleures. Dans cette délicate matière, nous ne faisons, comme nous l'avons dit ailleurs, que des essais ; nous ne livrons que des aperçus plus ou moins rationnels, habiles ou ingénieux ; nous ne les imposons à personne, pas même à nous-même, attendu que tout homme sage sait qu'il est susceptible de se tromper.

Clef chirographique.

a	b	c	d	e	f	g	h	i	j	k	l	m	n	o
9	8.	†	5	3.	0.	2	7	6.	0	K	1.	3.	1	3

p	q	r	s	t	u	v	x			z
4.	8	9.	6	2.	7.	1	X	r ou 6. 6.		z

Chaque lettre de l'alphabet est représentée par un chiffre, sauf la lettre C qui est représentée par une † ; la lettre K par un K ; la lettre X par un X ; la lettre y par un Y ou par deux 6. 6. suivis chacun d'un point ; et la lettre z par un Z..

Faire attention aux chiffres suivis d'un point ; ne pas les confondre avec ceux qui n'ont pas de point, afin de pouvoir traduire sans confusion.

Former les phrases, quand il y a lieu, en ajoutant la ponctuation.

Et s'il y a des coquilles typographiques, soyez indulgent.

Protestation.

L'auteur soussigné déclare n'accorder aux prophéties modernes précitées qu'une valeur purement humaine, et il proteste de son entière et filiale soumission au jugement de l'autorité infaillible de la sainte Église de Jésus-Christ.

Victor Cte de STENAY.

A. M. D. G.

TABLE DES MATIÈRES

		Pages
I.	Prophétie de Saint-Remi sur l'avenir de la France..................................	3
II.	Confirmation historique de cette prophétie...	5
III.	Belle épître du Pape Grégoire IX............	7
IV.	Explication de la prophétie de Saint-Remi par le cardinal Baronius......................	9
V.	Extrait d'une homélie de l'évêque de Poitiers sur le même sujet......................	11
VI.	Les armes de la France......................	16
VII.	Légende du lis d'or de France...............	19
VIII.	Proverbes relatifs à l'union de la France et de Rome..................................	21
IX.	Que les trois dynasties des rois de France ne sont réellement qu'une seule et même race.	23
X.	Régnez, *Enfant du miracle!*................	26
XI.	Vœux que formait à ce sujet, en 1813, un poète anglais..............................	29
XII.	Le Libérateur providentiel de la France......	30
	1° Révélation sur la cause des malheurs de la France..............................	31
	2° Prophétie inédite de la vénérable Anna Maria Taïgi..............................	32
	3° Prédictions inédites de Marguerite Raynaud.	33

		Pages.
4° Prédiction belge inédite		10
5° Prophétie de M. Viannay, curé d'Ars		11
6° Vraie prophétie inédite de saint Césaire d'Arles, mort en 542		13
7° Prédictions de Michel de Nostredame, mort à Salon en 1566		19
8° Prophétie d'Anselme, évêque de Marsico-Nuovo		31
9° Prophétie de la Mère du Bourg		38
10° — inédite d'une religieuse conceptionniste		60
11° Prophétie Ambrosienne		61
12° — de sainte Brigitte		63
13° — sur le Monarque fleurdelisé		66
14° — Carthusienne dite de Prémol		67
XIII. — Révélations d'une âme privilégiée		70
XIV. — Prières pour la France, Pie IX et l'Église		74
XV. — Confiance ! Confiance !		77
Appendice prophétique relatif à l'avenir. — Une lettre sacerdotale		79
Vision d'Élisabeth Mora		83
— sur la prochaine crise générale		96
Une singulière lettre inédite		100
Prédictions inédites de la petite Marie		103
Prophéties inédites sur Pie IX et son successeur		108
Prophétie Wenlinienne		112
Vision prophétique de sainte Hildegarde, morte en 1180		115
Prophéties d'Anna Maria Taïgi et d'autres voyants		119
Les secrets prophétiques de La Salette		130
Prophétie Carthusienne dite de Prémol		159
Prédictions de la Stigmatisée d'Oria		175
Prophétie de Madeleine Porsat		179
— du R. P. Ricci, général des Jésuites, mort en 1775		185
— de saint Vincent, de l'Ordre de saint-Augustin		189
Vision aérienne prophétique		197
Fragments de lettres de Mélanie		201

	Pages.
Mélanie et son secret en face l'autorité	210
Mélanie et l'Avenir Dévoilé. Son secret et les prochains grands fléaux	225
Paris et Marseille	231
L'apparition de Pouillé	233
Complément de la prophétie du curé d'Ars	235
Confirmation des prochaines catastrophes prédites	240
Encore les fléaux, puis enfin le Triomphe annoncé par Mélanie à un Français d'Alsace	243
Une nouvelle Jeanne d'Arc	247
Un sauveur inattendu	251
Prophéties sur les Apôtres des derniers temps.	257
Prophétie inédite sur l'antéchrist et la fin du monde	269
Autres révélations sur la fin du monde	274
Observations sur les Prophéties contradictoires	287
Un aveu	292
Clef Chirographique	293
Protestation	294

FIN DE LA TABLE DES MATIÈRES.

1215. — Boulogne-s.-S. Imp. E. CLEMENT.

www.ingramcontent.com/pod-product-compliance
Lightning Source LLC
Chambersburg PA
CBHW071124160426
43196CB00011B/1794